Security Education for College Students

大学生安全教育

安徽省高等学校保卫工作研究会 / 编

北京师范大学出版集团
BEIJING NORMAL UNIVERSITY PUBLISHING GROUP
安徽大学出版社

图书在版编目(CIP)数据

大学生安全教育/安徽省高等学校保卫工作研究会编. —合肥:安徽大学出版社，2015.8

ISBN 978-7-5664-1010-8

Ⅰ.①大… Ⅱ.①安… Ⅲ.①大学生—安全教育Ⅳ.①G645.5

中国版本图书馆 CIP 数据核字(2015)第 204432 号

大学生安全教育 **安徽省高等学校保卫工作研究会 编**

出版发行:北京师范大学出版集团
安 徽 大 学 出 版 社
(安徽省合肥市肥西路 3 号 邮编 230039)
www.bnupg.com.cn
www.ahupress.com.cn

印　　刷:合肥锦华印务有限公司
经　　销:全国新华书店
开　　本:170mm×240mm
印　　张:13.75
字　　数:217 千字
版　　次:2015 年 8 月第 1 版
印　　次:2015 年 8 月第 1 次印刷
定　　价:19.50 元
ISBN 978-7-5664-1010-8

策划编辑:朱丽琴　姜　萍
责任编辑:姜　萍
责任校对:程中业
装帧设计:李伯骥
美术编辑:李　军
责任印制:陈　如

《大学生安全教育》编委会

目　录

❀ 第四章　人身与财产安全

❀ 第五章　教学实践活动安全

❀ 第六章　社交活动安全

❀ 第七章　交通安全

❀ 第八章　消防安全

第一章 概述

随着我国高等教育的迅速发展、高等学校办学规模不断扩大，高等学校管理职能的社会化、办学形式的多元化，以及大学开放性和国际化的趋势愈加显著，大学校园已经逐步和周边社区交叉融合、兼容渗透。高等学校不再是封闭内循、与世隔绝的“象牙塔”，影响大学校园稳定的不安全因素不断增多，并出现一些新的安全问题，一些危及大学生人身和财产的治安、刑事案件，以及火灾、食品安全等突发性安全事故和伤害事件在大学校园中也时有发生。

一、高等学校安全教育工作的重要意义

案例导读

2011 年 8 月 2 日上午，武汉某大学的大四女生张红（化名）在校园樱花大道上被一名帅气男生突然拦住，这个自称“孟凡斌”的男生介绍自己是大连某高校研究生来武汉实习，在火车站被偷，交谈中向张红提出借 800 元，暂时解决吃饭和住宿问题。接着“孟凡斌”又编织各种理由借走张红 900 元，随之失去了踪影。2011 年 9 月 22 日，当“孟凡斌”再次在武汉某大学校园行骗时，被该校的保卫处人员抓获。

（一）高校安全教育的概念

高等学校安全教育是指高校为了维护学校的正常秩序，维护大学生的人身、财产安全和身心健康，增强大学生的安全防范意识与自我保护技能，从学校实际情况出发，依照国家有关法律、法规的规定，制定各种安全教育与管理的规章制度，并对大学生进行有关法律法规、学校安全规章和纪律、安全知识与防范技能的教育管理活动。

安全教育是事故预防与控制的重要手段之一。高等学校安全教育应以

增强大学生的安全意识、提高防范能力为核心，针对校园内各类突发性事件、灾害性事故以及日常生活中经常出现的安全事故，进行防范意识和应急处理能力的培养训练；同时，教育、引导大学生自觉主动地遵纪守法，提升安全责任感，主动控制和约束调整其个体活动和行为并使之符合安全要求，减少校园安全事故的发生。

（二）目前高等学校安全管理存在的困难和问题

1. 由高等学校自身特点带来的安全形势复杂

教育部 2014 年全国教育事业发展统计公报显示，2014 年全国各类高等教育在学总规模达到 3559 万人，高等教育毛入学率达到 37.5%。全国共有普通高等学校 2529 所（含独立学院 283 所），其中本科院校 1202 所，高职（专科）院校 1327 所。普通高等教育本专科在校生 2547.7 万人，在学研究生 184.77 万人。

高等学校安全管理存在安全服务对象人员密集、人数众多，安全管理层次和涉及社会领域广泛的特点。高校安全管理工作中各工作环节交织复杂、安全风险贯穿整个教育管理过程：一方面，高等学校人员密集，安全服务管理涉及校园治安、校区道路交通、师生餐饮服务（其他食品售卖）、校园公共区域卫生防疫防控、实验室和专业实习实训基地等场所，大学生的各类群体活动，学校水电气等保障性设备设施，学生宿舍和运动场地等建筑物安全；另一方面，高等学校人才聚集、信息资源丰富、国内外交流频繁，是各种社会思潮渗透大学生群体的阵地，也是意识形态和国家安全领域极为敏感和脆弱的地方；最重要的是高等学校的教育主体——大学生正处在生理和心理的成长成熟期，他们的安全意识尚未完全形成，安全知识缺乏，安全能力不足，对维护自身安全和权益、防范社会侵害缺乏足够的能力保障。高等学校自身的特点决定了对大学生进行安全教育的必要性、复杂性和艰巨性。

2. 大学校园及周边治安环境日趋复杂、管控难度加大

因为历史和现实的多种原因，目前很多大学校园内的教学区、学生宿舍和运动场馆等大学生日常学习生活区域并非封闭完整、成片独立，而是更多地与教职工住宅区、社区居民区以及相关的生活服务设施、众多的商业网点交织，相互影响。

同时，随着高等学校办学开放性的进一步增强，社会服务职能的拓展，加之城市规模的不断扩大，城市人口迅猛增加，高校已经成为所在城市市民的“健身路径、人民体育场”，甚至成为随意进出的“休闲公园、免费停车场”，学校越来越多的设施设备和空间资源被社会人员挤占、侵占，甚至抢占。大量的人员、车辆进入校园，各类安全隐患随之凸显，安全事故时有发生。

此外，一些著名高校、有着历史文化背景与自然景观的大学校园也成为社会关注的中心，成为参观旅游地和热门景点，如清华大学的水木清华和二校门、北京大学的未名湖和燕园、武汉大学的樱花节等。当大量的人群慕名涌入校园，进入学校教学和学生生活区域时，会给学校正常的校园管理和学生的学习生活带来影响，更会给学校安全管理带来巨大压力，形成巨大的安全隐患。

1998 年 12 月教育部出台了《面向 21 世纪教育振兴行动计划》，提出到 2010 年高等教育毛入学率将达到适龄青年 15％的教育目标。随着大学的扩招，从 1999 年开始，各地出现了大学的合并、更名和大规模新校区建设。因为高校经济和社会发展的带动作用，当地政府考虑到区域经济聚合效应和辐射效应等因素，基本上将大学新区安排在城乡结合部或城市发展规划新区中。这些区域远离中心城区，社会安全防范体系薄弱，造成高校新区（大学城）周边安全环境恶化、管理难度加大：校园周边社会不良环境浸染、流动人员庞杂、涉及大学生的治安案件多发、以大学生为主要消费对象的营业场所安全隐患风险较大，严重威胁着大学生人身、财产安全和身心健康，冲击并改变着大学校园文化。

3. 基于互联网的信息传播模式的出现和迅猛发展带来校园安全新问题

随着互联网的迅猛发展，互联网的负面影响也给大学生带来新的安全风险和隐患。互联网信息的传播具有隐蔽性、便利性和及时性、群体性等特点，所传播的信息内容包罗万象，其中一些不良信息，如渲染凶杀暴力、传播黄赌毒、宣传邪教和封建迷信、宣扬民族分裂和宗教极端主义、攻击我国国家制度等，对大学生群体的危害越来越严重。互联网不良信息影响着大学生人生观、世界观和价值观的形成，降低了大学生对传统文化的认知、认同，动摇了大学生的政治信仰，弱化了大学生的道德观念和法律意识；不良信息的侵扰，也对大学生群体产生消极影响、带来不可预期的伤害，导致部分大学生转而信奉享乐、利己和拜金主义的错误人生观，在互联网的“虚拟世界”中，脱离社会角色束缚、道德观念反转、自我意识泛滥膨胀，造成大量违法违纪行为的发生。

同时,针对大学生群体的网络犯罪也呈现多发态势。网络招聘、网络求职兼职中的骗局陷阱,各类 QQ 中奖、微信红包骗局,网络背景下大学生群体或个人的隐私信息被非法泄露和利用,网络消费中权益被侵害,网上传销陷阱和网络暴力等针对大学生的网络侵害和网络犯罪已经成为影响大学生安全成长的重要因素,也是高等学校安全教育管理必须认真对待并设法有效加以解决的。

4. 高校面临的安全管理现实

高等学校的教育主体大学生,普遍存在大学入学前各教育阶段安全教育缺失和不足的问题,这造成大学生独自应对安全危机时的迷茫。如大学生中较为普遍地存在着“中国式过马路”不遵守交通规则,不知道正确使用灭火器等消防器材,进入商场、宾馆和娱乐场所等不知道要留意安全通道的位置,遭遇突发事件不知道如何避险逃生等不安全现象。

高等学校也存在对安全教育管理认识不到位和重视程度不够的问题;部分高等学校校内管理职能部门职责不清、管理界限不明,经常出现有关校园安全的问题或者多头管理、政出多门,或者无人问及、推诿搪塞等低效管理现象,学校相关安全管理制度和措施缺失无力,学校校园安全管理更无法形成协同合力;部分高等学校因为各种原因还存在“三防”认识不到位、技防手段落后、校园安保经费投入不足、校园安全保卫部门人员数量不足和学历能力水平不高等问题。

某些地方还存在社会重视不够的问题,认为高校校园安全仅仅是高校自身的事,只要大学生不出门,校园安全就是学校自己的事,高校安全保障所需的“校警联防联动、校地多部门配合协作”不够,高等学校校园安全管理缺少更有效的社会支持和配合。

如何破解上述问题?就是要加强校园安全文化建设,就是要以生为本,明确高等学校校园安全内涵,强化校园安全管理,完善校园安全规章制度,加强大学生安全教育和管理工作。

(三)高校安全教育的重要意义

1. 高校安全教育是大学生全面发展的重要保障

高校安全教育是提高大学生综合素质的需要。高等教育的根本任务就是培养健康、全面发展的高素质的合格人才。这不仅需要大学生有高尚的思想品德、高水平的知识能力和健康的体魄，还需要有较强的安全意识和自我保护能力。

马斯洛提出的需要层次理论认为，安全是人的基本需要层次，是实现其他一切高级需求的基础和保证。高等学校安全教育和管理的根本目的就是保障大学生安全健康地成长成才。加强大学生安全教育，提高大学生安全意识和防范能力，是大学生增强自我素质和全面发展的重要保证。

2.高校安全教育是维护国家安全和社会稳定的需要

改革开放三十多年来，虽然我们取得了举世瞩目的发展成就，综合国力日益增强，国际影响力日趋扩大，但境外敌对势力始终没有放弃对我国的“和平演变”。

高等学校培养的大学生是未来国家发展的主力军，也是维护国家安全、实现国家长治久安和民族复兴的中坚力量。当前我国所处国际形势依旧复杂多变，安全形势不容乐观。国外的敌对势力和间谍情报机构利用各种方式进行非法活动，通过各种渠道潜入大学校园，妄图利用部分大学生政治敏感性差的特点，以举办活动、设立基金会和提供奖学金等形式诱惑学生加入他们的队伍，进而在思想上对青年学生进行意识渗透，传播西方的政治和经济价值观。同时，大学生对国家安全的认识还比较模糊，对国家安全的内容了解不深，少量大学生对国家安全的认识还较狭隘，这也给筑牢国家安全防线带来困难。

因此，帮助大学生全面理解国家安全的含义，提高防范风险的意识和能力，就迫切需要对大学生进行安全教育，培养国家安全意识，树立新的国家安全观。

3.高校安全教育是适应高校发展的需要

随着我国高等教育事业的发展，高校办学规模迅速壮大，多种形式的办学格局、多校区的管理模式、校园社会化管理等新情况的出现，对高校安全管理工作提出了更高要求。

如何应对越来越多的人和车进入校园、更多的校园空间和环境被侵占和影响？如何应对网络时代成长起来的新一代大学生群体对校园安全的新需求？如何应对高校与社会高度融合的大背景下，学校周边环境和社会治安形势给高校安全管理带来的新冲突和新压力等？必须坚持“以人为本”，加强对大学生安全意识的教育培养，加大对大学生安全知识、安全技能和法律法规的教育培训力度，努力做好大学生的安全防范工作，提升高校安全管理水平。

加强高校安全教育既是时代的需要也是现实的需要。

二、高等学校安全教育工作的主要内容

案例导读

境外某情报机构自2012年以来，针对中国学生实施了数十次的网络策反活动，涉及中国十余省市。该境外机构以20岁左右的在读高校大学生为主要目标，借助网聊工具、校园论坛、招聘网站等物色“调研员”。“受聘”学生先做一些搜集、整理、汇总的活儿，即便提供的信息不具价值，也会定期收到数百或数千元酬金。在这一过程中，一些学生被发展为“情报员”。

（一）法治观念与法律知识教育

党的十八大提出“全面推进依法治国”，“加快建设社会主义法治国家”，强调“推进科学立法、严格执法、司法公正、全民守法，坚持法律面前人人平等，保证有法必依、执法必严、违法必究”，“深入开展法制宣传教育、弘扬社会主义法制精神，树立社会主义法制理念，增强全社会学法遵法守法用法意识”。把大学生法治观念与法律知识教育作为大学生安全教育的主要内容是全面推进依法治国对高等学校人才培养的必然要求，能够帮助大学生提高法律意识、增强法治观念和培养良好的法律品质，有利于大学生综合素质的提升和发展，有利于保障大学生自身权益、减少大学生违法犯罪行为，有利于维护校园安全与稳定。

（二）安全知识与防范技能教育

当代大学生虽然具有较强的自立意识，但社会经验不足，独立生活能力差，安全知识缺乏，自我保护意识薄弱，易出现被骗、被盗、被抢、人身安全受到侵害等情况。随着校园日趋社会化，高校由过去的相对独立、相对封闭状态走向全方位的开放，与外界的联系愈加密切和广泛，对大学生进行防盗、防骗、防火、防抢劫、防事故、防网络犯罪等安全方面的教育更加必要。大学生通过学习，可以掌握必要的生活常识和安全防范基本知识，增强安全防范意

识和能力,实现“我要安全”到“我会安全”的转变。

具体的安全教育内容包括:国家安全教育、消防安全教育、人身与财产安全教育、网络信息安全教育、交通安全教育,以及其他应急避险知识教育等。

(三)校纪校规教育

“校纪校规”是国家教育主管部门和学校为保障高等学校正常的教、学、管运行秩序而制定的规章制度的总称,是要求学校师生必须共同遵守的行为规范和准则。

遵纪守法、遵守校纪校规,保护自身权益不受侵害,不损害他人利益,自觉维护校园正常秩序是对每一个大学生的基本要求。校纪校规教育是学生从入校的第一天就开始接受的安全教育,校纪校规中涉及的安全要求和规定是大学新生适应大学生活、顺利完成大学学业的基本安全保障。要认真组织开展以校纪校规为主要内容的新生入学教育,让学生一进校就能全面了解、熟悉校纪校规,更要注意校纪校规教育的连贯性,培养学生遵守纪律的自觉性。

通过校纪校规教育使大学新生逐步树立安全责任意识,增强安全防范意识,强化自我保护意识。

三、高等学校安全教育工作的基本要求和方法

(一)高等学校安全教育工作的基本要求

1. 坚持“以人为本”的安全教育理念,高度重视高校安全教育工作

学校的一切工作都是为了大学生的健康成长,坚持“以人为本”的安全教育理念,认真做好大学生安全教育工作,是高等学校应尽的责任和义务。高校应充分认识大学生安全教育的重要性,发生涉及大学生的安全事故,不仅是大学生受到伤害的问题,还会牵动学生家庭,波及校外社会层面,影响高校正常的教学秩序,甚至还会影响局部地区的社会稳定。因此,要把做好大学生安全教育工作提到能否营造优良的育人环境,能否维护校园和社会稳定,能否实现高校的教育培养目标这一高度来认识,时刻把学生安全教育工作摆在重要位置。

2. 建立全员育人的系统化高校安全教育工作机制，强化学校各部门各单位安全教育工作责任制

大学生安全教育是保障大学生安全的一项系统工程，是学生素质教育的一部分，它始终贯穿人才培养的全过程。高等学校要采取切实有效措施，加大安全教育力度，建立学校安全教育系统化机制，实现全员、全方位和全过程的学校安全教育工作。

全员教育即学校要加强全校教职工安全知识培训，组织广大教职工系统学习、掌握安全知识，只有教职工具备安全知识，才能有效地对学生进行安全教育、安全管理和安全服务。在教学上，要充分发挥课堂教学的主渠道作用，在有关课程和教学环节中由任课老师结合课程内容对学生进行安全教育。在日常教育管理以及各种服务工作中，必须结合安全方面的内容，适时对学生进行安全教育和安全行为引导，形成高度重视安全工作的公众舆论环境，以使安全教育与教学活动、课外实践、管理和服务工作紧密结合，实现大学生安全教育的工作目标。

要进一步明确学校各职能部门和教学单位的安全教育责任，充分发挥保卫部门、学工系统、后勤服务、教务部门的安全教育和管理的主体职责，建立学校安全教育工作责任机制和统筹协调机制，各负其责、相互配合，形成有效的学校安全教育工作合力，使高校安全教育工作真正实现系统化、规范化和科学化。

3. 树立安全第一、预防为主的高校安全教育工作目标，积极做好大学生安全预防体系建设

高等学校安全教育工作要树立安全第一、预防为主的工作目标，努力提高大学生安全自我防范意识和自我救助保护能力，减少校园安全事故和伤害的发生。

要通过安全教育提高大学生的安全防范意识和能力，让大学生主动感知和发现身边存在的安全隐患和可能的安全风险，并积极采取相应的避险措施；学校要通过安全教育管理工作，建立相应的大学生安全预防预警机制，积极排查和消除校园各类安全隐患，根据大学生个体的不同特点和大学生群体的共同需求，有针对性地进行安全预防管控和安全预警，确保学生安全、校园秩序稳定。

(二)高等学校安全教育的基本方法

1. 突出高校安全教育重点,注重教育效果

加强大学生安全教育,要根据大学生群体的特点,既要全面展开,又要有重点地进行,做到点面结合,以点带面。

重视重点人群的安全教育。如对经常违反校纪校规的学生,要进行重点教育,及时教育纠正,防止因严重违反校纪校规进而造成安全事故和安全伤害。通过对重点人群的安全教育,不仅促进他们增强安全意识,提高安全行为能力,还能够通过示范效应,带动他们身边的其他学生增强安全认识。

重视重点场所的安全教育。如对实验室安全管理中,要严格实验室准入制度的安全教育,教育学生严格遵守实验操作规程,严格执行有关危险化学品、放射源和生物安全的管理规章制度,防止意外事故发生;又如在人群集中的大型活动场所,应教育学生文明礼貌,服从指挥,并注意观察场所周围环境和安全通道,及时判断安全风险,避免发生踩踏等群死群伤的安全事故。通过重点抓实验室、学生宿舍、图书馆和学生活动中心等学生活动重要场所的安全教育,有重点、有目标和有针对性地推进大学生安全教育工作,注重安全教育的实际效果,使大学生更有效地获得安全知识。

重视重点时期的安全教育。在高校应重点抓好以下几个时期的安全教育:一要加强新生入学时的安全教育。新生刚入校,对校园及周边环境情况不熟悉,缺乏安全防范意识,不懂得如何自我保护,最容易发生诈骗、财物被盗等各类安全事故。因此,要切实加强新生入学安全教育,增强自我防范意识。二要加强节假日期间的安全教育和安全提示,节假日期间学生思想上容易放松,易发生财物被盗、火灾、食物中毒、溺水、交通事故等安全问题。三要加强学生外出实习、社会实践和毕业生离校之前的安全教育。学生离开校园进入社会,如果缺乏安全意识和自我保护能力,也易发生各类安全事故。重点时期是容易发生安全事故的特殊时期,同时也是安全教育的最佳时期,切实加强重点时期的大学生安全教育,结合大学生年级特点和阶段安全需求,主动给予安全指导和安全服务,可以减少和避免各类安全事故的发生。

2. 安全教育进课堂,实现高校安全教育过程的制度化和规范化

把安全教育纳入教学计划,使之规范化、制度化。根据大学生在大学阶段应知应会的安全知识、安全技能的内容要求,结合大学生各个年级不同的安全教育需求和学习特点，制定科学、完整和系统的安全教育计划；根据安全教育主要涉及政治、心理学、社会学、法学、安全等学科方面知识的特点，结合教学时间，有针对性、科学地选择大学生安全教育的教学内容和教育活动，制定相应的安全教育教学大纲；同时安全教育课也应和法律基础课等一样，保证完成规定的课堂教学时间。只有这样，大学生安全教育才能避免随意性，走向规范化、系统化，使高校安全教育更具实效性。

3. 克服传统安全教育模式的弊端，重视安全教育实践活动

要充分考虑新形势下高校教育主体的新变化、新发展，与之相适应的高等学校安全教育工作也必须与时俱进，改变单一枯燥的说教模式，以更加丰富的安全教育形式，适应当代大学生的价值追求，满足大学生的安全需求。

充分利用第二课堂的平台对大学生进行安全知识、法律法规和安全防范技能的教育。如利用课余时间组织学生开展法律知识讲座、模拟法庭、安全知识竞赛、消防实战演练、安全主题演讲等；请公安、消防等部门的专业人员针对典型案例开展案件剖析、分析案件成因，提出安全警示；建立校外安全教育基地，让大学生在社区参与安全宣传和安全值班，以及在基地与消防官兵、公安干警、安全事故亲历者面对面交流座谈，学习提高；积极组织开展与大学生安全相关的主题日活动（5 月 25 日大学生心理健康日、6 月 26 日国际禁毒日、10 月 13 日国际救灾日、11 月 9 日全国消防日、12 月 1 日世界艾滋病日等），围绕主题日活动要求，精心组织开展大学生喜闻乐见的安全主题教育活动，同时打造系列化、品牌化的安全主题活动（安全宣传月、交通安全周、消防安全日和有关安全的电影展播季、毕业安全季等主题活动），通过较长时间主题安全活动的开展，逐步形成安全教育活动的品牌效应，实现安全活动的教育目的。

重视大学生自我教育能力的培养，积极组织以大学生为主体的安全协会（社团），更好地宣传安全知识，使更多的学生参与安全教育活动中；积极培养大学生安全骨干，发挥同群效应，通过他们的示范带动作用影响身边的每一位同学；积极主动地让大学生参与学校安全教育和日常安全管理工作，建立学生安全员制度，让大学生通过参与校园安全管理，真正了解和理解学校安全教育工作。以人为本，从实际出发，满足大学生不同层次的自我安全教育需求，有助于提高大学生安全教育的针对性和实效性，有助于发挥大学生自我教育、自我管理、自我服务的作用，形成教育和自我教育的合力。

4. 积极适应新媒体环境下的安全教育

近年来，依托互联网技术、数字技术和移动通信技术而出现的新媒体，在社会上得到广泛传播和应用。新媒体主要包括数字广播、数字报纸、移动电视、数字电视、触摸媒体和手机网络等。新媒体扩展了信息传播的载体和形式，创建了一种用于沟通交流的虚拟环境，实现了信息传播主体和受众之间的交互融合，提高了信息传播和更新反馈的实效性。大学生常用的新媒体主要有 QQ、MSN、BBS、微博、博客、飞信、陌陌、微信和论坛贴吧等。

新媒体环境对大学生安全教育也产生着积极的作用和影响，学校应该与时俱进，充分利用好微信、微博等新媒体，及时建立学校官方微信平台，用更加专业的安全知识、更加贴近大学生的语言风格、更加便捷的信息推送方式、更加精准的定向服务，引导大学生关心、关注自身的安全问题；利用论坛贴吧、校园 BBS 等互动平台更好地与大学生平等交流、沟通互动，更好地了解、掌握校园安全动态和大学生即时的安全需求；充分利用高等学校现有的教学和技术资源，或与网络公司、影视公司合作开发安全教育趣味游戏，开展以平安校园为主题的拍客大赛、微电影大赛、安全知识动漫短片作品征集等活动，采用大学生喜闻乐见的形式，寓教于乐，增强高校安全教育活动的效果。

大学生健康安全地成长成才，是高等学校最重要的工作任务。作为高等教育的重要阵地，高校的安全稳定直接关系国家和社会的稳定，随着中国社会的高速发展，高校面临的内外环境都发生了巨大变化，我们只有深入研究高校安全教育问题，与时俱进，不断加强高校大学生的安全教育和管理，才能构建一个稳定和谐的平安校园。

第二章 维护国家安全

国家安全是一个民族和国家生存发展的前提条件。任何一个主权国家，都必须把维护国家安全置于生死存亡的重要地位。在 2014 年 4 月 15 日召开的中央国家安全委员会第一次会议上，习近平总书记首次提出集政治安全、国土安全、军事安全、经济安全、文化安全、社会安全、科技安全、信息安全、生态安全、资源安全、核安全等于一体的综合国家安全观。2015 年 7 月 1 日，以总体国家安全观为指导思想的《中华人民共和国国家安全法》(以下简称《国家安全法》)颁布并实施，其后以《国家安全法》为统领的一系列法律、法规或陆续出台，或正在制定，制度化、法治化、系统化的国家安全体系正在形成。大学生的国家安全观念如何，将直接关系国家的未来和社会主义建设的成败。“国家利益高于一切”，珍惜祖国荣誉，维护国家的安全和利益，是每个当代大学生的神圣职责。

一、维护国家安全是公民应尽的义务

(一) 国家安全关乎国家存亡

案例导读

朱某是北京某大学的一名大学生，他在京学习时结识了某大使馆新任文化参赞萨某。不久，朱某又认识了某自治区党校退休老师杜某。后萨某提出要朱与杜为使馆收集新疆某教派活动的有关情况。他们与萨某签订协议，萨某提供活动经费和工资，随后朱某与杜某先后前往喀什等地拍摄、录制了该教派有关活动的情况资料，二人返回乌鲁木齐后就被国家安全机关查获，朱某与杜某的行为严重危害了国家安全。

知识链接

根据新的《国家安全法》，国家安全是指国家政权、主权、统一和领土完整，人民福祉、经济社会可持续发展，国家其他重大利益相对处于没有危险和不受内外威胁的状态，以及保障持续安全状态的能力。新的《国家安全法》是以总体国家安全观为指导，涉及各个领域的安全。新的国家安全的定义涵盖两个内容即安全状态和安全能力。安全状态是指安全内容，既包括传统意义上的如国家的政权、主权、统一和领土完整，还包括非传统意义上的如人民福祉、经济社会可持续发展的能力等。安全能力是指怎样才能处于安全状态，如何才能使重大核心利益相对处于没有危险和不受内外威胁的状态，即保障这种安全状态的能力。保障这种安全状态和培养保障这种安全状态的能力，就构成新的《国家安全法》讲的"国家安全"的内涵。

敌对势力对我国高校进行"西化"、"分化"的主要手段：

★ 通过各种公开合法的学校交流活动等进行渗透。随着教育体制改革的不断推进，我国高校与境外开展的学术交流、联合办学等活动日趋增多，形式多样化。境外敌对势力借此向我高校师生兜售西方的政治思想、法律理念和价值观念。

★ 通过非政府组织向我渗透。境外非政府组织经常以资助办学、交流、培训为名，与我在校大学生进行广泛接触。

★ 利用宗教向我渗透。近年来，在我国一些学校发现基督教、伊斯兰教和摩门教等宗教组织，他们在教学楼、师生宿舍楼内非法传教，传播西方的价值观念。有的还向学校投寄、非法散发宗教宣传品。设在境外的一些宗教电台频繁对我进行广播，并以馈赠礼物、参加境外宗教礼仪、启发学习智慧为名吸引学生参加，对此，我们必须保持高度警惕。

★ 通过现代通讯、网络等向我渗透。境外敌对势力利用互联网对我进行各种渗透、颠覆活动。他们在互联网上发展组织并通过互联网向国内渗透，通过制作网页、电子信箱进行网上勾连活动；利用互联网、广播及电视转播西方的政治意识、价值观念以及腐朽的生活方式。

安全预防

● 认真学习《中华人民共和国国家安全法》(以下简称《国家安全法》)知识,增强国家安全意识。

● 弘扬社会主义核心价值观,自觉抵制西方标榜的自由、民主、人权等普世价值。

● 坚定道路自信、理论自信、制度自信,坚定对社会主义和共产主义的信念。

● 增强敌情观念,有效防范和制止危害国家安全的违法活动。

特别提示

《国家安全法》为维护国家安全解决了八个方面问题:

● 将《宪法》的原则规定具体化。

● 赋予国家安全机关相应的职责权限。

● 规定了公民维护国家安全的义务。

● 明确了各级组织维护国家安全的义务。

● 界定了危害国家安全的行为。

● 规定了两项特殊的刑事政策:一是犯间谍罪自首或者有立功表现的规定。二是在境外受胁迫或者受诱骗参加敌对组织不予追究的规定。

● 禁止两种非法持有行为:一是不得非法持有国家秘密。二是不得非法持有和使用专用间谍器材。

● 设定了妨害公务和妨害司法的犯罪行为。

(二)大学生如何维护国家安全

案例导读

2012年10月,某高校学生李某在网上发布寻求兼职打工的帖子。李某的帖子很快引起境外某情报机关间谍人员的注意,他们与李某取得联系,要求李某利用业余时间帮助他们收集整理一些资料,他们将根据资料质量每月给李某的银行卡打钱。警惕性不高的李某,按照对方要求定期到该市郊区某军用机场，收集停放飞机的型号、数量和起飞时间等信息，发给境外情报机关。

知识链接

危害国家安全的行为是指境外机构、组织、个人实施或者指使、资助他人实施的，或者境内组织、个人与境外机构、组织、个人相勾结实施的下列危害中华人民共和国国家安全的行为：

★ 阴谋颠覆政府，分裂国家，推翻社会主义制度的。

★ 参加间谍组织或者接受间谍组织及其代理人的任务的。

★ 窃取、刺探、收买、非法提供国家秘密的。

★ 策动、勾引、收买国家工作人员叛变的。

★ 进行危害国家安全的其他破坏活动的。

《中华人民共和国国家安全法实施细则》第八条规定，下列行为属于《国家安全法》第四条所称"危害国家安全的其他破坏活动"：

★ 组织、策划或者实施危害国家安全的恐怖活动。

★ 捏造、歪曲事实，发表、散布文字或者言论，或者制作、传播音像制品，危害国家安全的。

★ 利用设立社会团体或者企业事业组织，进行危害国家安全活动的。

★ 利用宗教进行危害国家安全活动的。

★ 制造民族纠纷，煽动民族分裂，危害国家安全的。

★ 境外个人违反有关规定，不听劝阻，擅自会见境内有危害国家安全行为或者有危害国家安全行为重大嫌疑人员的。

境外利用宗教对我高校进行渗透的途径和危害：

★ 利用、派遣外籍教师、专家、留学生或进修生在我学校进行传教活动。

★ 通过资助合作办学、举办学术研讨会、出版学术著作、设立研讨基金和研究机构等进行宗教渗透。

★ 利用提供勤工助学、安排专业实习、资助出境培训等，向我学校师生渗透传教。

★ 通过互联网、电台广播和投寄信件、宣传品等，向我学校师生宣传宗教。

★ 派遣教徒在校园内进行秘密传教。

★ 以组织学生郊游聚会、周末聚餐、假期社会活动等方式，以学生信徒发展学生信徒，强化学生对宗教的认同。

★ 通过资助学校贫困学生的方式博得好感，借机发展信徒。

主要危害：境外宗教势力对我高校进行宗教渗透、发展学生信徒的目的就是要在意识形态领域制造混乱，与我争夺青年、争夺未来，给我国社会发展和政治稳定带来了极大的潜在隐患和现实危害。

安全预防

● 要牢固树立国家利益高于一切的观念。国家安全涉及国家社会生活的方方面面，是国家民族生存与发展的首要保障。

● 要努力熟悉有关国家安全的法律、法规。特别应当熟悉《中华人民共和国宪法》、《中华人民共和国国家安全法》、《中华人民共和国保密法》、《中华人民共和国刑法》、《中华人民共和国刑事诉讼法》、《科学技术保密规定》等。

● 不断提高自身素质。把促进国家安全和社会稳定的思想教育贯穿平时的学习、生活中，坚持将维护国家安全和社会稳定作为首要任务，成为国家安全和社会稳定的自觉维护者。

● 要善于识别各种伪装。在对外交流中，既要热情友好，又要内外有别，不卑不亢；既要珍惜个人友谊，又要牢记国家利益；既可争取各种资助、帮助，又要不失国格、人格。

● 要克服妄自菲薄等不正确思想。我国是发展中国家，但又是不可以小视的国家。作为一名大学生，要绝不妄自菲薄、悲观失望，要看到我们也有许多世界第一和“中国特色”，有一系列国家秘密和单位秘密。

● 要积极配合国家安全机关的工作。当国家安全机关需要同学配合时，每个同学都应当按照《国家安全法》赋予的七条义务的要求，尽力提供便利条件或其他协助，如实提供情况和证据，做到不推、不拒，更不以暴力、威胁方式阻碍执行公务，还要切实保守好已知晓的国家安全工作的秘密。

特别提示

《国家安全法》规定了两项特殊的刑事政策。

一是犯间谍罪自首或者有立功表现的规定。《国家安全法》第二十四条规定:"犯间谍罪自首或者有立功表现的,可以从轻、减轻或者免除处罚;有重大立功表现的,给予奖励。"这一规定与《刑法》关于犯罪分子自首和立功不同的是:普通刑事犯罪自首,可从轻、减轻处罚,其中情节较轻的,可以免除处罚,而犯间谍罪自首,不分情节轻重,都可以从轻、减轻或者免除处罚;普通刑事犯罪分子有立功表现的,可以从轻或者减轻处罚,而犯间谍罪有立功表现的,不仅可以从轻或者减轻,甚至可以免除处罚;有重大立功表现的普通刑事犯罪,可以减轻或者免除处罚,而犯间谍罪有重大立功表现的,不仅可以从宽处理,而且给予奖励。《国家安全法》的这一规定虽与《刑法》略有不同,但其实质是一致的,是符合《刑法》基本原则的。

二是在境外受胁迫或者受诱骗参加敌对组织不予追究的规定。《国家安全法》第二十五条规定:"在境外受胁迫或者受诱骗参加敌对组织,从事危害中华人民共和国国家安全的活动,及时向中华人民共和国驻外机构如实说明情况的,或者入境后直接或者通过所在组织及时向国家安全机关或者公安机关如实说明情况的,不予追究。"这主要是从当事人行为的客观因素和主观表现出发,考虑行为发生在境外;主观上并非主动自愿,主观恶意性较小,危害不大;且能在境外或者入境后及时、如实说明情况,表明他一时失足但还有爱国心,敢于正视错误,及时悔悟,重新回到祖国怀抱。对他们应宽容,不予追究,争取教育失足者,化消极因素为积极因素,集中力量打击少数顽固分子。

二、防范恐怖主义活动

(一)恐怖主义的特征

案例导读

2014年3月1日晚,某市火车站发生一起严重暴力恐怖事件,5名恐怖分子手持凶器肆意砍杀无辜群众,造成重大人员伤亡。4名歹徒被警察开枪击毙,1名歹徒被击伤抓获。案件共造成29人死亡,143人受伤。

知识链接

近年来,针对我国的暴力恐怖袭击也呈现多发频发态势,对我国的国家安全、政治稳定、经济社会发展、民族团结和公民生命安全构成严重威胁。当前在我国活动猖獗的主要是暴力恐怖势力、宗教极端势力和民族分裂势力(称为“三股势力”),这些势力往往是“你中有我,我中有你”,沆瀣一气,同流合污。

我国有关法律关于恐怖主义的定义是指企图通过暴力、破坏、恐吓等手段造成或意图造成人员伤亡、重大财产损失、公共设施破坏,引发社会恐慌、影响国家决策、制造民族仇恨、颠覆政权、分裂国家的思想、言论和行为。煽动、资助或者以其他方式协助实施上述活动的行为也被视为恐怖主义活动。

恐怖主义的基本特征:

★ 具有政治目的性,即恐怖主义具有政治动机和目的,目标是反对国家,对抗政府。

★ 手段的暴力性,是指恐怖主义的主要手段是暴力或以暴力相威胁,具有严重的社会危害性,一般都构成严重的犯罪行为。

★ 思想的极端性,是指恐怖主义根据非常原始的、非黑即白的模式,将世界分成朋友与敌人、善与恶两个对立部分,对事物的认识非常偏激。

应该说,在当今恐怖活动多发的伊斯兰国家和地区,广大穆斯林群众都是爱好和平的,他们反对杀伤无辜平民的恐怖行为。

安全预防

恐怖事件一旦发生，往往会对公共安全和人身安全造成重大危害，因此，需重点做好事前的安全防范工作。

● 基础防范措施，包括宣传教育、网络安全管理、运输寄递货物信息查验、危险物品管理、防范恐怖主义融资、城乡规划和技防物防等。

● 禁止极端主义，极端主义是当前我国恐怖主义的主要思想基础，国家反对一切形式的极端主义，禁止极端主义行为。

● 重点目标保护，包括重点目标范围、单位职责、主要安全制度及主管部门的管理职责等。

● 国(边)境管控与防范境外风险，包括边防管理职责、出入境监管、境外利益保护、驻外机构内部安全防范等。

特别提示

我国当前正在抓紧制定"反恐怖主义法"，以法律形式规定反对和禁止一切形式的恐怖主义，并将反恐怖主义纳入国家安全战略。我国提出"反恐人民战争"理念，目的是要让恐怖分子成为"过街的老鼠，人人喊打"。

(二)如何防范恐怖主义活动

案例导读

2014 年 5 月 22 日早晨，某市一早市场一伙暴恐分子驾车冲撞无辜群众，并发动爆炸袭击。其中 4 名实施犯罪的暴恐分子被当场炸死，1 名团伙成员当晚被抓获。事件共造成 39 名无辜群众遇难，94 人受伤。

知识链接

恐怖主义活动的主要手段：

常规手段：

★ 袭击。

(1)刀斧砍杀恐怖袭击。在人员密集场所使用刀斧砍杀无辜群众。

(2)冲撞碾轧恐怖袭击。驾驶机动车冲撞碾轧无辜群众。

(3)纵火恐怖袭击。使用汽油、柴油等易燃物品对交通工具、建筑物实施纵火焚烧。

(4)爆炸恐怖袭击。如炸弹爆炸、汽车炸弹爆炸、自杀性人体炸弹爆炸等。

(5)枪击恐怖袭击。如手枪射击、制式步枪或冲锋枪射击等。

★ 劫持。如劫持人以及劫持车辆、船、飞机等。

★ 破坏。如纵火破坏及破坏电力、交通、通信、供气供水等重要设施。

非常规手段:

★ 网络恐怖袭击。利用网络散布或传播恐怖信息、组织恐怖活动、网络黑客攻击特定的电脑程序和信息系统等。近年来,网络恐怖袭击手段在国内外发展迅速,危害很大。

★ 核与辐射恐怖袭击。通过核爆炸或放射性物质的散布,造成环境污染或使人员受到辐射。

★ 生化恐怖袭击。利用有害或有毒生物、化学物质侵害人、农作物、食品及饮用水等。

自我救助

1. 在刀斧砍杀恐怖袭击中的自我救助

● 快速跑开。看到有人持刀斧砍杀时,不要停留观看,应丢弃携带物品,迅速跑开,远离持刀斧的人。

● 迅速躲避。利用身边的建筑物、树木、车体、围栏、柜台等物体阻挡、躲避砍杀,与袭击者拉开距离。

● 奋力反抗(自卫)。在无法跑开或躲避时,联合他人,利用随身携带物品(手提袋、衣服、雨伞、箱包等)和随手能够拿到的物品(石头、砖块、木棍、拖把、灭火器、花盆、椅子等)进行奋力反抗(自卫)。

● 及时报警。拨打 110 报警:讲清时间、地点、人数、歹徒的基本体貌特征。

● 事后协助。积极向警察提供有关现场情况的信息,协助警察调查。

2. 被恐怖分子劫持时的自我救助

● 沉着冷静。不要反抗。

● 服从指令。不对视,不对话,趴在地上,动作要缓慢。

● 隐蔽求救。尽可能保留和隐藏自己的通讯工具,及时把手机调为静音,实时用短信等向警方(110)求救。如果没有通讯工具,要设法用其他方式向外界传递信息,如纸条、含有身份信息的随身物品等。

● 暗记特征。注意观察恐怖分子人数、头领、相互间通话、武器或其他凶器等,便于判断应对以及事后提供线索。

● 配合解救。在警察发起突袭的瞬间,尽可能趴在地上,在警察的掩护下离开现场。

3. 在疑似核辐射袭击中的自我救助

● 避免外照射,与放射源保持足够安全的距离。须接近放射源时,应使用屏蔽装备。

● 避免内照射(主要通过呼吸道进入)。

● 全身防护,使用防毒衣、防毒面具、手套、鞋套。

● 不接触可疑容器中泄漏或洒出的任何物质。

● 不要在控制区吃东西、喝饮料或吸烟。

● 防止二次污染。现场人员不要随意接触其他人员或物品。

4. 在疑似生化袭击中的自我救助

● 加强自身防护。使用制式防护器具或简易防护器材,穿戴一定要严密，防止暴露。

● 注意风向。根据风向确定上风口，进行疏散和撤离。

● 防止交叉感染。对人员急救时，禁止实行口对口人工呼吸。

● 不要接触从容器中泄漏或洒出的任何物质。

● 不要在控制区吃东西、喝饮料或吸烟。

● 防止二次污染。尽可能少的人员进入污染现场，现场人员不要随意接触其他人员或物品。

特别提示

● 发现可疑人怎么办？

(1)保持镇静。不要引起对方警觉。及时报警。在不被察觉的情况下直接拨打110，反映可疑情况。

(2)暗记特征。尽可能记住嫌疑人及交往人员的体貌特征，在确保不被发现的情况下，可用手机对人和物品进行拍照。

(3)确保安全。做好自身保护，防止被可疑人发现。

● 发现可疑爆炸物怎么办？

(1)不要触动。任何与爆炸装置不经意的接触都有引爆的危险。

(2)迅速报警。立即拨打110报警。

(3)迅速撤离。疏散时，有序撤离，不要相互拥挤，以免发生踩踏造成伤亡或触碰到爆炸装置。

(4)协助调查。目击者应尽量记住发现可疑物的时间、位置，可疑物的形状、外观，有无人动过等情况，如有可能，用手机进行录像，为警方提供有价值的线索。

● 网上发现恐怖信息怎么办？

(1)自觉抵制。要认识到暴恐信息的危害性，坚决抵制。

(2)防止扩散。要充分认识到网络传播宣扬暴恐信息的违法性，坚决做到不传播、不扩散。

(3)及时报警。通过拨打110或网络提供的方式报警或举报。

(4)协助调查。注意记下传播暴恐信息的网站、聊天工具及传播者的身份信息等。

三、反对邪教渗透

（一）邪教的本质

案例导读

湖南省的谢某痴迷“全能神”，时常期盼着“灵魂升天”，并宣称“世界末日到了，我与天堂近了”。2003年初秋的一天中午，谢某被人发现倒在厨房门前的石墩上，已奄奄一息，身边还有一个空的农药瓶。由于农药饮用过多，谢某虽被送往医院抢救，但于次日凌晨2时离开了人世。

知识链接

邪教组织是指冒用宗教、气功或者其他名义建立，神化首要分子，利用创造、散布迷信邪说等手段蛊惑蒙骗他人，发展控制成员，危害社会的非法组织。

邪教组织有以下六个特征：

★ 教主崇拜。邪教教主一开始就神化自己，以欺骗手段把自己打扮成“人神”，号称自己拥有许多超自然的神力和权力，鼓吹邪教成员只能唯教主之命是从，为教主而生，为教主而死。

★ 精神控制。邪教教主以各种歪理邪说、谎言骗局、心理暗示，或惩罚、威胁等手段，对追随者进行“洗脑”，巧妙地加以精神控制，使加入其非法组织的人员“进得来，出不去”。

★ 编造邪说。编造邪说是一切邪教教主蒙骗坑害其成员的共同伎俩，他们都宣扬“世界末日论”、“人类灾难论”等歪理邪说，制造恐慌心理和恐怖气氛。

★ 聚敛钱财。邪教教主或要求成员将其所有财产奉献给教主，或通过开办各种“学习班”，收取高额学费，或通过所谓的“心理治疗”骗取高价的“治疗费”，或通过在其成员中强行推销他们编造的图书、音像制品、标识物等获取高额利润。

★ 秘密结社。邪教组织大都采用十分隐蔽的联络方式，通过秘密聚会、“传教”、“练功”等活动方式发展成员，带有明显的秘密结社性质。

★ 危害社会。邪教之害，突出表现在用极端的手段与现实社会对抗，妄图推翻国家政权。

安全预防

认清邪教的本质：

● 反人类。邪教反人类的本质，在于其犯下的丧失人性、泯灭亲情、残害生命、散布“人类罪恶论”等一系列罪恶行径中。

● 反科学。任何邪教都反对科学，宣扬神秘主义、封建迷信和伪科学。

● 反社会。邪教逃避现实社会，对抗现实社会，破坏现实社会，千方百计想建立一个以邪教教主为核心的“天国社会”。

● 反政府。邪教组织发展到一定程度，其政治野心也随之膨胀，他们不满足于自己的“秘密王国”，实行“神权”统治，还要在全国甚至全人类实行“神权”统治。

自我救助

● 认真学习党和政府关于邪教问题的方针政策，努力提高防范邪教的意识和能力。

● 弄清宗教与邪教的本质区别，提高自己的辨别能力。

● 崇尚科学精神，树立文明新风尚。

● 积极参加校内组织的反邪教宣传活动，提高自身免疫力，增强识别和抵制邪教侵袭的能力。

● 注意心理健康，重视心理治疗。

● 注意上网安全，防止上当受骗。

● 做到珍爱生命，远离邪教。

特别提示

邪教常用的骗人手段：

● 用歪理邪说骗人。邪教组织为达到敛财、控制成员等目的，就要骗人相信，引人崇拜。为此他们精心编造一套荒诞离奇的歪理邪说"末日论"、"劫难说"、"巫神论"、"天国论"等。

● 用宗教幌子蒙蔽人。中外邪教都或者直接盗用宗教名义，或者盗用一种或几种宗教的某些成分，使其在教义、仪式等方面与宗教有一些相似之处，企图欺骗那些有宗教需求而又缺乏宗教知识的人。

● 用治病、免灾诱惑人。邪教通常用治病、免灾作诱饵，鼓吹只有加入他们的组织才能消灾避难，治病强身。

● 用各种把戏吓唬人。

● 用小恩小惠笼络人。

● 用暴力行为威胁人。

（二）防范邪教渗透

案例导读

陈某在练习法轮功之前是某学院一名品学兼优的学生，在国内的小提琴大赛中多次获奖。1998年在其母亲的影响下，她开始练习法轮功，被李洪志的歪理邪说蒙骗，且越陷越深，不能自拔，最终走上自残的道路。

知识链接

邪教的主要危害：

★ 残害生命，侵犯人权。邪教以极端利己主义的说教宣扬世界末日，宣扬自我“圆满”，鼓吹集体自焚、集体服毒自杀。

★ 骗取钱财，精神控制。大多数邪教最初的动机都是骗取钱财。他们用宗教、气功的外衣把自己包装起来，大行诈骗之能事。

★ 破坏生产，扰乱社会。邪教主张“不要搞农业生产，庄稼不用打农药，天父会照看的”，致使许多成员整天在家祷告，不种地、不锄草、不养畜牧。邪教组织还煽动成员抛弃家庭，外出传播邪教，许多人因此离家出走，制造很多的家庭悲剧。

★ 侵蚀政权，践踏法律。邪教起家时往往以敛财为目的，随着组织壮大、成员增多、钱财聚集，他们的政治野心随之膨胀，他们公然践踏法律，竭力进行反党、反政府、反社会的活动。

邪教组织向高校渗透的途径：

● 披着宗教的外衣，传播歪理邪说，秘密发展信徒。

● 宣扬“超常科学”理念，诱惑大学生入教。

● 利用封建迷信制造思想混乱。

● 利用现实社会的消极面与美好理想之间的反差，消解一部分学生的理性。

安全预防

如何辨别邪教组织的违法活动?

● 无视法律规定建立非法组织,进行有组织的违法活动。

● 编印散发各种非法刊物、传单、书籍,宣传其歪理邪说。

● 非法举行各种集体练功、讲座和集体活动。

● 法律明确规定其为非法并予以取缔后,他们继续以非法组织的名义进行有组织的违法活动,公然对抗法律。

● 聚众组织围攻、哄闹等扰乱社会秩序的违法活动。

● 公然违反国际公约、频繁攻击卫星电视信号。

● 通过互联网转接国际 IP 电信线路后自动拨打给国内用户,播放他们制作的反动宣传录音或发送传真。

● 利用移动通信技术群发含有邪教内容的电子邮件和手机短信,传播邪教反动信息和言论。

特别提示

宗教与邪教的区别:

● 根本目的不同。宗教主张弃恶扬善,修身养性,宽容忍让,讲积德、积福、积禄、积寿、积来世。而邪教有的是为满足个人私欲;有的是为达到政治目的而主张"建立精神的国,取消人的国";有的是为"称皇称帝",要"改朝换代";有的是为了诈骗钱财、奸污妇女等。

● 组织形态不同。宗教的组织形态相对稳定,有固定的组织名称、经典、教规教义、信仰对象、活动场所及教内职务名称,其组织活动也是公开的。而邪教的组织形态不稳定,也不正规,没有固定的组织名称、经典,没有传统的信仰对象和活动场所,邪教内部的职务名称杂乱——有的自称为"王"、"主"、"活基督",有的自称为"神的化身"、"菩萨转世";歪曲、曲解宗教的教规教义或自编信条,并根据形势的变化,随时改变组织名称、活动场所等,其活动也是在秘密状态下进行的。

● 社会影响不同。宗教作为唯心主义的意识形态,固然对社会有消极影响,但没有现实的直接危害;邪教影响社会稳定,扰乱社会秩序,危害人民的生命财产安全,妨碍社会主义现代化建设,毒化社会风气。

我国党和政府的态度是坚决取缔邪教组织，对宗教则采取尊重和保护的政策。

《中华人民共和国宗教管理条例》明确规定，宗教活动应当在经过登记的宗教活动场所内进行。高校不是宗教活动场所，不能进行传教活动，学生也不准加入宗教组织或参加宗教活动。

四、非政府组织

（一）非政府组织含义

案例导读

5·12汶川大地震后，非政府织壹基金通过为灾区同胞建立新的产业链恢复生计，以及援建学校、医院，进行心理辅导等方式在四川灾区实施了20多个灾后重建项目，为四川灾后重建工作作出了不懈努力。

知识链接

非政府组织是指不以赢利为目的，主要开展公益性或互益性活动，在企业与市场体系、国家与政府体系之外发挥独立作用的社会组织。非政府组织具有非政府性、组织性、公益性、自治性、非政治性、非宗教性等特征。在我国，非政府组织有社区管理型组织、社会团体、民办非企业单位三类。

正确理解非政府组织的基本属性：

★ 非政府性。指这些社会组织独立于政府机关及其附属机构之外，不是由政府出资成立，不具有自上而下的官阶体制，不具备排他性的垄断权力。

★ 非赢利性。指这些社会组织不是赢利性的企业，它们不以赢利为目的，不具有利润分红等赢利机制，组织资产不得以任何形式为私人所占有。

★ 公益性。指这些社会组织在投入产出上更多地依赖社会和服务社会，它们往往以各种形式吸纳社会公益或公共资源，对公信力等社会资本有更强的依赖性。

★ 志愿性。指这些组织的参与者、支持者更多基于自愿、自主的奉献精神和不求回报索取的博爱精神参与组织。各种形式的志愿者成为其重要的人力资源。

如何认识非政府组织：

★ 非政府组织不是政府的组织，其实质是民间组织。非政府组织不仅是指联合国体系所认定和接纳的民间组织，还包括其他民间组织，特别是在国际场所活动以及有较多国际联系的民间组织。

★ 非政府组织虽然在一定程度上可以表达民意，但它在表达民意方面有很多局限性。

★ 立足国情，正确认识和看待中国非政府组织的作用。

特别提示

非政府组织的工作特点：

● 非政府组织涉及的领域广泛，包括环境保护、社会救济、医疗卫生、教育、文化等领域。

● 非政府组织在体制上独立于政府，不属于政府的建制，也不直接受制于政府权威，但并不意味着非政府组织与政府或政治不发生任何关系。因为这些组织本身的资金动员能力相当有限，而政府资金动员方面的特殊优势使得政府成为各种非政府组织财力上的主要依靠对象。

● 为了动员政府和各种社会力量对其所从事的公益事业以财力和道义上的支持，非政府组织常采用的策略：通过影响社会舆论对政府施压。

（二）非政府组织的作用

案例导读

2015年4月25日，尼泊尔发生8.1级强烈地震，造成重大人员伤亡和财产损失。中华红十字会会长华建敏代表中国红十字会向尼泊尔红

十字会发出慰问电。中国红十字会决定在紧急救援阶段向尼泊尔地震灾区提供500万元人民币和50万港币的人道援助。

知识链接

1.正确认识非政府组织的作用

★ 非政府组织在国际事务中发挥的作用具体有：从事咨询和信息活动；对政府和政府间国际组织的行为进行监督；参与执行国际组织的项目，向政府间国际组织提供特定的产品与服务；影响政府间国际组织的决策过程；促成不同利益冲突角色之间的协调和妥协。

★ 作为政府和企业之外的第三领域，非政府组织的社会作用在于向全社会或社会中某一集体的成员提供公共物品或公共服务，以弥补政府和市场的不足。

★ 各种非政府组织在环境保护、医疗卫生、促进发展以及维护和平等国际事务中发挥着越来越重要的作用。

★ 一些作为西方"民主"、"自由"和霸权主义政治工具的非政府组织，在世界各地发挥着破坏甚至颠覆作用。

★ 中国特色社会主义制度下的非政府组织，是群众性、非赢利性、公益性、自愿性的公民自治组织，应该成为党和政府联系人民群众的纽带和桥梁，成为巩固人民民主专政、完善社会主义民主、建设和谐社会的促进力量。

2. 中外非政府组织的本质区别

★ 必须坚持党的领导。中国共产党是领导中国特色社会主义建设事业的核心力量，中国非政府组织的建设和发展必须坚持党的领导，坚持党的基本路线。

★ 必须服务于民族振兴这一伟业。中国非政府组织的发展必须服从和服务于实现中华民族伟大振兴这一基本目标，而不能脱离这一基本目标去抽象地实现所谓的普世价值。

特别提示

境外非政府组织对我渗透的主要手段：

● 借助物质条件上的“帮扶”，企图与我争夺民心。境外非政府组织普遍以扶贫资助项目合作为切入点，实施的大多是立竿见影、投资少、影响大的扶贫资助项目。这些项目贴近当地实际需要，能让群众得实惠，容易赢得群众信任。

● 利用精神层面的“济困”，企图抢占意识形态领域。有的境外非政府组织以基层贫困人口和边缘人群为对象，以捐资助学、文化交流为手段，以思想、文化渗透为重点，实施多种帮扶工程，如资助贫困学生、组织基层妇女活动等；利用现代传媒工具大肆开展舆论渗透。也有一些境外非政府组织借举办能力培训会、学术研讨会、项目评估会、捐赠仪式和外出学习考察等活动，极力宣扬西方价值，灌输民主、人权理念，试图抢占我基层“话语权”。

● 利用维权和腐败等问题对政府进行攻击甚至妖魔化、丑化政府形象，并极力支持反对派。

● 潜移默化中培养民众参政、议政的“民主”意识，培育和煽动大众的“民权”意识。

● 把渗透的重点对象瞄准社会精英阶层和青少年群体。

五、保守国家秘密

（一）增强保密意识

案例导读

2008年11月，某部门在更新办公设备时，将一批旧计算机卖给旧货市场，导致计算机内存储的大量敏感信息传播出去。直接责任人张某受到行政警告处分，负有领导责任的李某受到通报批评。

知识链接

国家秘密是关系国家安全和利益，依照法定程序确定在一定时间内，只限一定范围人员知悉的事项。国家秘密按其秘密程度，可划分"绝密""机密""秘密"三个等级。按工作对象，可分为科学技术保密、经济保密、涉外保密、宣传报道保密、公文保密、会议保密、政法保密、军事军工保密、通信保密、电子计算机保密等。

我国保密工作面临的形势严峻：

★ 国际形势风云变幻。以美国为首的西方国家，出于遏制、分裂和颠覆我国的目的，凭借其高科技优势，从空中、陆地、海上和网络对我国进行全天候、不间断的侦查活动，窃取我党和国家的秘密。

★ 国内形势复杂。深化改革触及深层次矛盾和问题；对外开放范围大、领域广，保密环境复杂；信息安全问题面临严峻挑战。

★ 保密工作中还存在许多薄弱环节。

高校承担国家大量的自然科学和社会科学方面的研究任务，它们的许多科研成果在国内、国际上都处于领先地位。高校中掌握的国家秘密一旦泄露，将给国家造成重大损失。

安全预防

● 强化保密意识。认真学习贯彻《中华人民共和国保密法》，牢固树立保密就是保卫国家安全、保卫家庭幸福、保卫个人前途和命运的观念。

● 强化制度约束。自觉遵守国家的保密法规和学校的保密规定。

● 强化技能学习。要熟悉和掌握保密技术防范知识，对计算机信息系统保密环节操作要做到应知应会。

● 强化责任意识。做到保密课题谁主管、谁负责，涉密载体谁使用、谁负责，信息公开审查谁上网、谁负责。

● 强化保密检查。做到自查与互查相结合，及对发现和堵塞泄密漏洞。

特别提示

国家秘密的主要内容：国家事务重大决策中的秘密事项；国家建设和武装力量活动中的秘密事项；外交和外事活动中的秘密事项以及对外承担保密义务的事项；国民经济和社会发展中的秘密事项；科学技术中的秘密事项；维护国家安全活动和追查刑事犯罪中的秘密事项；其他经国家保密工作部门确定应当保守的国家秘密事项。

（二）遵守保密规定

案例导读

2008 年 1 月，某涉密单位工作人员唐某违规将涉密笔记本电脑和涉密移动硬盘接入互联网，被境外情报机构利用“木马”窃密程序，窃取绝密级、机密级和秘密级文件数十份，给国家安全造成严重损害。唐某的行为构成过失泄露国家秘密罪，被依法判处有期徒刑 2 年 6 个月，负有主要领导责任的人员受到党内严重警告和行政记大过处分。

知识链接

《中华人民共和国保密法》(以下简称《保密法》)，是我国保守国家秘密的专门法律。它是制定一切保密法规、规章和具体保密制度的基本依据。在整个保密法律、法规体系中起主导和决定作用。《保密法》为进行反窃密、反泄密行为，以及打击危害国家秘密安全的违法行为提供了法律依据。并明确指出保守国家秘密是公民的义务，中华人民共和国的公民必须切实履行保密义务，承担保密责任，对不履行义务，犯法者予以法律制裁。

安全预防

● 认真学习保密常识，增强保密意识。当代大学生要认真学习保密知识，保持高度警惕，增强保密观念，自觉遵守保密制度。做到既要坚持对外开放，扩大对外交流，又要确保国家机密安全，正确处理保密与窃密的关系，纠正服那种有密难保、无密可保的糊涂认识。

● 保持高度警惕，坚持内外有别。在对外交往中，涉及国家机密的内容，要么回避，要么按既定的对外口径回答，不要随便谈及内部的人事组织、社会治安状况、科技成果、技术诀窍和经济建设中各种未公开的数据资料。

● 在与境外人员接触时不随身携带秘密文件、资料和记有秘密事项的记录本，对方直接索取科技成果、资料、样品或公开询问我内部秘密时，要区别情况，灵活予以拒绝。

● 不经主管部门批准，不带境外人员参观或进入非开放区。不准境外人员利用学术交流、讲课的机会进行系统的社会调查。不经有关部门批准，不得填写境外人员的各种调查表，或替他们写社会调查方面的文章。

● 在新闻工作中，坚持保密原则。不得随意下载有关国防、科研等事关国家机密的事项，参与国际学术会议或在国外刊物上发表文章，要按规定办理审查手续。不得为境外人员提供或代购内部读物和资料。

● 自觉遵守保密的有关规定。坚持做到：不该说的机密，绝对不说；不该问的机密，绝对不问；不该看的机密，绝对不看；不该记录的机密，绝对不记录；不在普通电话、普通邮件箱中传达机密事项；不携带机密材料游览、参观、探亲、访友和出入公共场所。不在通信中谈及国家机密，不在普通邮件中夹带任何保密资料。

自我救助

● 拾获属于国家秘密的文件、资料和其他物品后，应及时送交有关机关、单位或者保密工作部门。

● 发现有人买卖属于国家秘密的文件、资料和其他物品时，应及时报告当地国家保密工作部门或者公安、国家安全机关。

● 发现有人盗窃、抢夺属于国家秘密的文件、资料和其他物品时，应立即报告当地国家保密工作部门或者公安、国家安全机关。

● 发现泄露或可能泄露国家秘密的线索时，应及时向有关单位、公安机关或保密工作部门举报。

特别提示

《中华人民共和国保密法》

第四十八条　违反本法规定，有下列行为之一的，依法给予处分；构成犯罪的，依法追究刑事责任：

（一）非法获取、持有国家秘密载体的；

（二）买卖、转送或者私自销毁国家秘密载体的；

（三）通过普通邮政、快递等无保密措施的渠道传递国家秘密载体的；

（四）邮寄、托运国家秘密载体出境，或者未经有关主管部门批准，携带、传递国家秘密载体出境的；

（五）非法复制、记录、存储国家秘密的；

（六）在私人交往和通信中涉及国家秘密的；

（七）在互联网及其他公共信息网络或者未采取保密措施的有线和无线通信中传递国家秘密的；

（八）将涉密计算机、涉密存储设备接入互联网及其他公共信息网络的；

(九)在未采取防护措施的情况下,在涉密信息系统与互联网及其他公共信息网络之间进行信息交换的;

(十)使用非涉密计算机、非涉密存储设备存储、处理国家秘密信息的;

(十一)擅自卸载、修改涉密信息系统的安全技术程序、管理程序的;

(十二)将未经安全技术处理的退出使用的涉密计算机、涉密存储设备赠送、出售、丢弃或者改作其他用途的。

有前款行为尚不构成犯罪,且不适用处分的人员,由保密行政管理部门督促其所在机关、单位予以处理。

第三章 心理健康与安全

进入青年期的大学生生理发展趋向平缓并走向成熟，思维逐渐达到成熟水平，独立自主性日益增强，个性趋于成熟，社会适应能力、价值观形成并日渐成熟。维护好这一时期的生理心理安全，是每一个大学生顺利完成学业和走向社会的基础。

一、大学生心理状态的认识及应对

（一）大学生心理健康

案例导读

某高等院校大一年级学生张某勤奋学习，考上了自己喜欢的大学，大一上学期，他放松了对学习的要求，参加学校的多个社团，整日忙于社团事务，疏于文化课学习，学期结束，他有多门功课不及格。此后，他出现失眠、食欲下降、自责、焦虑等症状。心理委员陪同张某去校心理咨询中心寻求心理帮助后，张某逐渐恢复心理健康。

知识链接

大学生心理健康标准包含如下八个方面：

★ 智力正常。智力以思维为核心，包括观察力、记忆力、思维力、想象力和认识力等。它是衡量人的心理健康最重要的标志之一，是人们从事生活、学习、工作和劳动最基本的心理条件。

★ 情绪乐观并能自主控制情绪。情绪稳定和乐观，常向光明看，不往“黑暗处”钻，热爱生活，积极向上，对未来充满希望。

★ 意志健全。行为的自觉性、果断性和意志的顽强性是意志健全的主要标志。心理健康的人做事有明确的目的，能坚定地运用切实有效的方法解决所遇到的困难和问题。

★ 人格完善。人格完善包括人格结构的各要素完整统一;具有正确的自我意识,不产生自我同一性混乱;以积极进取的人生观为人格的核心。

★ 自我评价正确。正确的自我评价是大学生心理健康的重要条件,大学生在进行自我观察、自我认定、自我判断和自我评价时,能做到自知,恰如其分地认识自己,摆正自己的位置。

★ 人际关系和谐。良好的人际关系表现为:乐于与人交往;在交往中保持独立而完整的人格,有自知之明,不卑不亢;能客观评价别人和自己,善取人之长补己之短,宽以待人,乐于助人,积极的交往态度多于消极态度,交往动机端正。

★ 适应社会良好。心理健康的人,总能和社会保持良好的接触,能正确地认识环境,处理好个人和环境的关系,能了解各种社会规范,自觉地用这些规范来约束自己,使个体行为符合社会规范的要求。另外,心理健康者还能动态地观察各种社会生活现象的变化,以及这些变化对自己的要求,以期更好地适应社会生活。

★ 生理年龄与心理年龄相一致。大学生应具有与其年龄、角色相适应的心理行为特征。

特别提示

● 个体都有自我心理康复能力,能自我恢复心理健康状况。

● 个体遇到重大刺激性事件时,如重要考试失败、失恋、亲人亡故等,会出现情绪反应,如负性情绪在理智控制范围内,且持续时间短,不能认为是心理不健康,更不能认为是心理异常。

(二)心理不健康的分类

案例导读

某高等院校大一年级男生李某,失恋后出现失眠、食欲下降、自责、

焦虑等症状一个多月。心理委员陪同李某去校心理咨询中心寻求心理帮助，后李某逐渐恢复心理健康。

知识链接

1. 心理不健康的第一类型——一般心理问题

诊断为“心理问题”，必须满足以下条件：

★ 由现实生活和工作压力、处事失误产生内心冲突，并体验到不良情绪如厌烦、后悔、懊丧、自责等。

★ 不良情绪不间断持续满一个月或间断持续两个月，不能自行化解。

★ 不良情绪反应能在理智控制范围，且始终保持行为不失常态，基本维持正常的生活、学习、社会交往，但效率有所下降。

★ 不良情绪的激发因素仅局限于最初事件。即便是与最初事件有联系的其他事件，也不引起此类不良情绪。

综合描述“心理问题”，可概括为如下几点：“心理问题”由现实因素激发，持续时间较短，情绪反应能在理智控制之下，不严重破坏社会功能，情绪反应尚未泛化为心理不健康状态。

2. 心理不健康的第二类型——严重心理问题

诊断为“严重心理问题”，必须满足以下条件：

★ 由较为强烈、威胁较大的现实刺激引起，并体验到痛苦情绪，如悔恨、冤屈、失落、恼怒、悲哀等。

★ 从产生痛苦情绪开始，痛苦情绪间断或不间断持续在两个月以上，半年以下时间。

★ 遭受的刺激强度越大，反应越强烈。多数情况下，会短暂失去理性控制；在后来的持续时间里，痛苦可逐渐减弱，但是，单纯依靠“自然发展”或“非专业性的干预”，难以解脱；对生活、工作和社会交往有一定程度影响。

★ 痛苦情绪不但能被最初的刺激引起，而且与最初刺激相类似、相关联的刺激，也可以引起此类痛苦，即反应对象被泛化。

综合描述“严重心理问题”，可概括为以下几点：“严重心理问题”是由相对强烈的现实因素激发，初始情绪反应剧烈、持续时间长久、内容充分泛化的心理不健康状态。“严重心理问题”的心理冲突持续时间一般在一年之内；如果出现“严重心理问题”的一年时间内，社会功能出现严重缺损，必须提高警惕，应作为可疑神经症或其他精神病进行会诊或转诊。

3. 心理不健康的第三类型——神经症性心理问题“可疑神经症”

心理不健康状态已接近神经衰弱、神经症或神经衰弱、神经症的早期阶段。

神经症性心理问题的特点是引起心理冲突的事件是“鸡毛蒜皮”的小事，没有道德色彩，不存在一方道德，一方不道德。

安全预防

● 学习心理学方面的知识，提升心理素质。

● 坚持参加体育锻炼，提升身体素质。

自我救助

● 合理运用如幽默、转移、补偿等心理防御机制。

● 构建良好的社会支持系统，遇到自己无法解决的问题，多和家长、辅导员、朋友交流，学会求助。

● 学习中华优秀传统文化，改变错误的认知，学会宽容、合作，崇尚仁人、圣贤的理想人格。

● 多参加体验式的心理素质拓展活动。如太极拳等。

特别提示

心理状态包括心理正常和心理异常，心理正常包括心理健康和心理不健康，心理不健康包括一般心理问题、严重心理问题和神经症性心理问题，出现一般心理问题、严重心理问题和神经症性心理问题都是心理正常，可放心找学校心理咨询师寻求心理帮助。

（三）大学生心理正常与心理异常的识别及应对

案例导读

某高等院校二年级男生小张，自认为另一专业的女生爱上自己，多次表白遭到拒绝，认为该女生在考验他对爱情的忠贞度，仍然百般纠缠，严重影响该女生的学习生活，在校心理咨询中心老师的建议下，小张的家长将其带往专科医院就诊，被确诊为“心理异常”住院治疗。

知识链接

我们提出以下三条原则，作为确定心理正常与心理异常的依据：

★ 主观世界与客观世界的统一性原则。心理正常者的主观世界与客观世界是统一的。如果个体出现幻觉、妄想等精神病性症状，并对这种精神病性症状无自知力，就违背了主观世界与客观世界的统一性原则，则属于心理异常。

★ 心理活动的内在协调性原则。人类的认知、情绪情感、意志行为等心理活动之间具有协调一致性，这种协调一致性保证人在反映客观世界时的高度准确和有效。比如，遇到一件令人愉快的事，一个人会产生愉快的情绪，欢快地向别人诉说自己内心的体验。我们可以说他有正常的精神与行为。如果不是这样，而是一边用低沉的语调向别人诉说令人愉快的事，一边对痛苦的事作出快乐的反应，我们就可以说他的心理活动失去协调一致性，处于异常状态。

★ 人格的相对稳定性原则。每个人的人格特征一旦形成，便具有相对稳定性;在外界没有重大刺激的情况下,一般是不易改变的。如果在没有明确外部原因的情况下,一个人个性的相对稳定性出现问题,我们就要怀疑这个人的心理活动是否出现了异常。

安全预防

对于有精神病家族史的学生,在遇到负性事件刺激时,应给予高度关注,以免引发心理异常。如他们出现幻觉、妄想等症状,同宿舍同学应立即向老师报告,尽量不要刺激该同学,或者陪伴其前往学校心理健康咨询中心,向专业老师寻求帮助。

特别提示

- 出现心理异常时,患者无自知力,不会寻求帮助,患者同寝室的同学应立即向辅导员报告,辅导员在和学生家长取得联系的同时,应向学校专职心理咨询工作人员汇报。
- 要求家长带学生去心理异常的专科医院诊治。
- 经诊治,学生复学后,辅导员应关爱该生,学校心理咨询中心咨询师应定期对其进行心理咨询。

二、大学生心理健康的维护

(一)如何做情绪的主人

案例导读

这是一位大学生的来信:

大概是从高三开始,为了考进理想的大学,我拼命学习。除了学习,我什么都可以放弃,非常在意周围的同学读了多少书,考了多少分。那时我的情绪似乎很容易波动,总是无缘无故想哭。我压制着自己,远离我感兴趣的学习之外的一切东西。上大学后,我的这种状态并没有随着高考的结束而消失。大家都很用功,我每天都在想着怎么在学习上超过其他同学。每天在意的仍是周围的人看了多少书，做了多少题，考了多少分。尽管每天笑脸以对周围，但总觉得自己戴着面具。郁闷的情绪充斥着我的生活，好渴望发自内心的微笑。

知识链接

情绪有消极、积极之分。不管是消极的情绪还是积极的情绪，只要目的恰当、反应适度，符合社会规范的要求，就是健康的情绪。

情绪对大学生生活、学习的影响：

★ 影响大学生的身体健康。消极的情绪对人的身心健康危害极大，在压抑、紧张、焦虑、恐惧等消极情绪的长期作用下，人的免疫能力会下降，从而引发各种疾病的发生。

★ 影响大学生的学习。积极的情绪往往使大学生乐于行动，有兴趣学习和活动，有助于开阔思路，富有创造性。

★ 影响大学生的人际关系。乐观、热情、自尊、自信是人际间产生相互吸引的重要条件，能使彼此间情感融洽。而自卑、压抑、爱发怒的人，往往不能与他人正常相处，人与人之间关系易疏远。

★ 影响大学生的行为目标。积极的情绪体验与积极的行为变化是有一致关系的。

安全预防

● 培养乐观向上、积极进取的人生观。

● 培养广泛的兴趣爱好，热爱生活。

● 注重沟通的艺术，学会与人合作，建立稳定良好的人际关系。

● 悦纳自己，赞赏地看待自己。

● 宽容别人，不苛求别人。

● 学会理性看待曾经经历的失败和挫折。

● 避免过分自责。

● 学会积极应对消极情绪。

● 当情绪不佳时，通过《抑郁自评》等心理量表的测试，评估自身的消极情绪程度，然后求助他人或心理医生。

自我救助

● 理性情绪疗法。去掉非理性、不合理的信念，坚定正确的信念。非理性信念的特点是绝对化、过分概括化等。

● 积极的自我暗示。积极的自我暗示让我们保持好的心情、乐观的情绪、更加自信。我们可以经常告诉自己："我很棒"、"我有超强的行动力"、"我一定会实现目标"。

● 适度宣泄。适度宣泄可以把不良情绪释放出来。我们可以适当地哭泣、向他人倾诉、痛快地喊叫、做一些运动、写下自己的烦恼。

● 自我安慰法。当我们失败时，可以找一个冠冕堂皇的理由安慰自己，或强调自己所有的东西都是好的，以此冲淡内心的痛苦。

● 交往调节法。当我们遇到不顺心、不如意的事，有了烦恼时，主动找亲朋好友交谈，比一个人独处冥想、自怨自艾好得多。

● 情绪升华法。升华就是一种高水平宣泄消极情绪的方法，是将消极情绪引导到对人、对己、对社会都有利的方向。

● 在上述方法都失效的情况下，仍不要灰心，在有条件的情况下，去向心理医生咨询、倾诉，在心理医生的指导、帮助下，克服不良情绪。

特别提示

关于情绪健康的六项指标：

● 培养某些技巧以应对挫折情境。

● 能重新解释与接纳自己与情绪的关系，不会一直自我防卫，能避免挫折并安排替代的目标。

● 知觉某些情境会引起挫折，可以避开并找寻替代目标，以获得情绪的满足。

● 能找出方法，缓解生活中的不愉快。

● 能认清各种防卫机制的功能，包括幻想、退化、反抗、投射、合理化、补偿，避免养成错误的习惯，以致防卫过度，造成情绪困扰。

● 能寻求专家的帮助。

(二)如何与压力交朋友

案例导读

大三的王同学,在教室看书时,总担心有人在身后干扰自己,以致只能坐在角落或者靠墙而坐,否则无法安心看书;对同寝室同学放收音机的行为非常反感,有时简直难以忍受,这种心理困境严重影响了他的日常生活和学习。即将毕业,担心找不到理想的工作。家在农村,经济状况一般,认为自己有责任挑起家庭的重担,但又觉得力不从心,等等。这些压力紧紧束缚着王同学,让他苦恼不已。

知识链接

当外界的刺激性事件打破我们机体的平衡,或者超出我们的能力所及,这时就产生了压力。

压力给大学生带来的影响:

★ 压力过大的影响:压力过大会导致生理和心理两方面的障碍。压力过大会损害人的身心健康,甚至诱导个体养成不良习惯,如抽烟等。

★ 适当的压力有助于个人成长:

(1)适当的压力可以帮助我们对身体的紧急状态作出反应。

(2)适当的压力可以给我们以激情,让我们表现得更出色。

(3)适当的压力可以激发人的潜能。

(4)适当的压力可以让日常生活变得多姿多彩,使人在面对挫折挑战时更加专注。

安全预防

大学生面对的校园压力源主要有15种,分别是:学习、成就、人际关系、生活、恋爱关系、经济、社会、考试、家庭、生活及学习环境、未来、能力、个人成长、外表、健康和竞争。

学生可以通过《学生压力量表》测试来评估自身压力可能带来的健康风险。

自我救助

● 评估压力。压力给每个人造成的影响是不相同的。面对压力时，我们不妨先冷静下来，问自己两个问题："到底发生了什么？""这个事情对我是好是坏还是无关？"

● 改变对压力的认识。我们可以换一种方式来考虑我们的处境、我们扮演的角色以及我们理解的角度；可以改变自己说的话或应对压力的方式来控制压力。

● 寻求社会支持。亲人和朋友的关爱，会帮我们缓解压力，使我们积极面对可能的挫折。

● 当正处于压力中，需要尽快缓解时，可以采取以下常用方法：

向别人请教该如何去做

找个无人的地方自己调整

看书、听音乐、玩游戏

逛街、看电影、吃饭

找人倾诉

进行一场大汗淋漓的运动

睡觉

……

● 从长远来看，要做到面对压力临危不乱，需要调整情绪，坚持锻炼，调整饮食。

（三）如何应对挫折

案例导读

一位大学三年级的女生，学习很刻苦，目的也很明确，一定要考取中国最好的大学的研究生，用她的话说："考不上北大，我宁愿去死。"但她学习成绩一直平平，这使她既自卑又不服气。她终日为学习不如意、担心考不上名牌大学研究生而苦恼，自己折磨自己，非常痛苦，曾出现过自杀的念头。

知识链接

挫折包含三个因素：挫折情境、挫折认知、挫折反应。三者中，对挫折的认知是最重要的。不同的人，处于同样的挫折情境，受到相同强度的挫折，由于对挫折的认知不同，所产生的挫折反应也不同。正确看待挫折、应对挫折，是我们战胜挫折的关键。

大学学习期间可能会遇到以下挫折：

★ 学业挫折。进入大学后，与高中相比，学习有了明显不同。学习内容更专更精、学习难度加大以及对自主学习能力的高要求，使得许多大学生在学业上遭受挫折。

★ 人际挫折。进入大学校园这个新的环境，学生们都渴望结交新朋友，同学间的交往最普遍、也最微妙与复杂。一方面，同学们大多来自不同地域、具有不同的家庭背景和生活习惯、个性气质存在差异，交往中出现摩擦不可避免；另一方面，大学生一般对人际交往的期望较高，这种期望一旦落空，容易采取消极退避的态度。

★ 恋爱挫折。已经成年的大学生，对爱情充满幻想，在感受甜蜜爱情时，也会遇到单恋、失恋、与恋人发生冲突等问题。

★ 就业挫折。大学四年转瞬即逝，大多数同学将直接面临就业的压力。找不到工作、找不到好工作、找不到喜欢的工作、找不到高薪的工作等，理想与现实的落差，常常会导致他们产生挫折感。

安全预防

● 把奋斗目标确定在自己能力所及的范围，建立在对自己能力充分正确的认识基础上。

● 调整心态，以积极的心态对待学习，把关注点聚焦在学习上，淡化名利得失。

● 改进学习方法，养成良好的学习、生活习惯。

● 善于倾听。倾听既可以增进同学间的感情，也可以与他人产生共情的愉悦。

● 真诚相待。当我们怀着真诚的心与他人交往时，我们得到的回报也将是真诚的。

● 控制自己的情绪。当我们情绪失控时，很可能会作出让自己后悔的事情，所以控制自己的情绪就显得十分重要。

● 学会爱自己。要正确认识自己，要尊重并珍惜自己的感情，要对自己负责。

● 学会爱他人。

● 积极调试自己的心理。要对自己充满自信，一次失败不代表次次失败；要做到正视现实，摆正心态；要培养独立意识，对自己的行为负责；要正确对待挫折，越挫越勇，百折不挠。

● 要做充分的就业准备。如个人简历、自荐信、面试技巧和个人展示等，准备充分，掌握一定的方法和技巧，就能更好地就业。

● 制定合理的职业规划。

自我救助

● 接受挫折教育，学会正确地看待挫折。

● 进行自我调节，缓解心理压力。

(1)主动向老师、亲友倾诉，可以使身心轻松，改变压抑状态。

(2)转移视线。户外运动、看电影、听音乐，都是很好的转移视线的方式。

(3)补偿。“失之东隅，收之桑榆”，及时调整或确立新的目标，获得新的胜利。

(4)升华。如，当我们在感情上遇到挫折时，可以将精力转移到学习上，这就是一种很好的调节方法。

● 学会乐观自信。改变消极自卑的态度，将其转化为自信。

特别提示

交友“十诫”

以诚待人：礼貌周到，多关心他人。

信守承诺：说到做到，讲求效率。

全神贯注：集中注意力，心无旁骛

勤加灌溉：用电话、卡片、E-mail 等保持联络，增进彼此间的信任。

尊重对方：不把对方只视作工作上该联络的对象。

赞美别人：不吝啬给予赞美与鼓励，表达感激。

时时感恩：在听过别人赞美之后，别忘了说声谢谢！

承担责任：勇于为自己犯下的错误承担责任，不推托找借口。

不居功：像人们常说的：“功劳该归谁，就给谁。”

不忘幽默：保持对生活的感性与幽默，享受人际交往的过程。

（四）如何完善人格

案例导读

“我是一位大学生，今年 19 岁，我真不该上大学。我是独生女，上大学前，一切事都是爸爸妈妈帮做，衣服鞋袜都不用自己洗。进大学后，非常想念自己的家，对大学的生活很不适应，我经常做梦，梦到自己的爸妈，醒来后常暗自流泪。我强迫自己忘掉家中的温馨幸福，把注意力集中到学习上，但我眼前总会浮现父母以及家乡同学的身影。我真不知道自己现在该怎么办？”这位女生可能出现了依赖型人格障碍。

知识链接

人格是伴随人的一生不断发展的心理品质。人格有着鲜明的个性特征，人格的差异铸就了个体的千差万别、千姿百态。

人格包含的方面很多，不同的心理学家对人格的定义也不同，大体来说，人格包括以下几方面：

★ 体格上的特性，如身高、体重、体态、感官等。

★ 心理上的特性，如智力、记忆、知觉、判断等。

★ 特殊能力，如音乐、美术、社交等能力。

★ 经验，如知识、兴趣、态度等。

★ 气质，即情绪的表现，如兴奋或恬静、愉快或忧郁。

★ 意志，即行为自制力、克服困难的能力，如果断或犹豫等。

★ 品质，即道德行为，如诚实或虚伪、公正或自私等。

常见的不良人格特征有自卑、抑郁、孤僻、依赖、敏感、固执、猜疑、嫉妒、悲观等。

安全预防

★ 培养谦虚谨慎、沉着冷静、三思而后行的品质，注意防止和克服盲目骄傲、冲动、妄为的不良品行，养成勇于批评和自我批评的品质。

★ 锻炼自己坚强的意志，培养和增强挫折耐受力，在逆境时不颓废消极，在顺境时不忘乎所以。

★ 择优汰劣。对自己人格上的缺点、弱点积极加以纠正。

★ 丰富知识。大学学习不能只局限于专业知识的学习，还应该扩大自己的人文社会科学知识面，加强人文修养，用丰富的知识充实自己。

★ 培养爱心。具有人道主义精神，凡事多为他人着想，关心和帮助同学、朋友，在帮助别人的过程中使自己获得成长。

自我救助

● 要学会心理独立。摆脱对父母、老师的依赖，按自己的意见、观点判断、分析问题。

● 要学会自我选择、自我负责、自我管理。进入大学校园后，要学会做好目标管理、时间管理、技能管理、财务管理。培养自己的独立自主意识。

● 要学会说“我能行！”“太好了！”以及“需要我的帮助吗？”

特别提示

马斯洛——“自我实现者”的人格特点

- 能充分准确地认识现实。
- 对自己、对他人、对整个自然能够做到最大限度的认同和接纳。
- 有自然、朴实和纯真的美德。
- 经常关注社会上的各种疑难问题。
- 喜欢独处，有超俗的品质。
- 独立自主。
- 有高品位的鉴赏能力。
- 常有高峰体验。
- 能建立持久的友谊。
- 具有民主风范。
- 有较强的伦理观念。
- 不带有敌意的富有哲理的幽默感。
- 有创造性。
- 不消极地适应现存的社会文化类型。

三、大学生心理危机的识别和干预

案例导读

某高校大二年级学生刘某，女，家住农村，家庭经济困难，父亲是家里顶梁柱，在外打工，一次户外施工中出事，重伤住院抢救，得到父亲抢救的消息，刘某号啕大哭，拒绝吃饭、睡觉，自责不已，情绪极度不稳定，有自杀倾向。同寝室同学发现后，立即汇报老师，在校心理咨询中心专职老师的干预下，刘某成功化解了心理危机。

知识链接

1. 心理危机

一个人必须面对的困难情境超过了他的能力时，就会产生暂时的心理困扰，这种暂时性的心理失衡状态就是心理危机。

★ 心理危机的类别：

(1)成长性危机。这类危机表现为在参与社会竞争活动中追求个人发展的一种失当行为。

(2)境遇性危机。主要指当出现突如其来的悲剧性事件时，个人对其无法预测和控制而产生的危机。

(3)现实存在性危机。主要指与人生责任、未来发展等内部压力相伴随的冲突和焦虑。

(4)病理性心理危机。某些心理障碍或心理疾病可能导致心理危机的产生，如抑郁、焦虑、紧张等。此外，一些行为异常也会引发危机，如品行障碍或违纪犯罪等。

★ 心理危机的识别：

(1)直接表露自己处于痛苦抑郁、无望等中。

(2)情绪不稳定，容易流泪，注意力不集中；容易被激怒或者过分依赖。从人际交往方面看，明显不愿意和别人交往，有点逃避人群，无缘无故地生气、跟人作对等。

(3)行为表现。一个星期以上翻来覆去睡不着觉，白天没有精神，就应引起注意了。吃东西没有胃口或者吃什么东西都味同嚼蜡，体重明显增加或者明显降低，时常感觉疲劳、疲惫。再有就是出现一些自我虐待行为。

一般情况下，还可以采用行为观察法、面谈诊断法、心理测量法、心理健康普查法等了解一个人的心理危机情况。

2.心理危机的干预

危机及时得到缓解或得到外在力量帮助的过程则称为危机干预。它是一种短期的帮助过程，它的目的是随时对那些经历个人危机、处于困境或遭受挫折和将要发生危险的人提供支持、帮助，使之恢复心理平衡。

★ 心理危机干预的对象：

首先是当事人，其次是次级受害者。不仅要对当事人进行干预，还要对当事人周围的人进行干预。

★ 心理危机干预的原则：

(1)构建良好的社会支持系统。建立完善的学校—学院—辅导员—

学生四级支持系统，加强和学生家长的联系，争取学生家长的支持理解。

(2)帮助求助者完善其认知调节系统，通过心理疏导和心理咨询改变求助者不正确的认知。

(3)帮助求助者完善生物调节系统，主要是让学生加强体育锻炼，提高身体健康水平。

安全预防

● 加强大学生心理健康教育，改变错误的认知。即通过教育，消除学生错误的人生观、片面的人际观念以及单向的思维方式等。坚持多维认知原则、适应原则和现实原则，确立科学的认知方式。

● 建立大学生心理危机预警机制。第一，要建立完善的心理预警制度，如学生心理健康普查制度、学院学生心理危机汇报制度等。第二，要建立通畅的心理危机预警渠道，如建立心理档案，为实现大学生心理问题的早期发现、及时干预和跟踪服务提供参考。第三，进行常规性心理咨询，对大学生进行及时的心理健康指导与服务。第四，建立系统的心理预警指标体系，设计并形成各项指标合理的权重分数，确定预警级别。

● 学生个体把可能引起心理危机的情绪及其他负向的心理能量通过直接或间接的方式排遣出来。

● 通过体育锻炼，在增强学生生理能量的基础上改善其心理防御机制。

自我救助

当遇到问题自己无法解决时，应多和家长、辅导员、朋友交流，学会求助，避免出现心理危机。

特别提示

● 学习一些心理健康的知识，掌握一些鉴别心理问题和心理调试的方法，这样可以帮助自己更好地适应社会。

●用科学的态度对待心理问题。心理问题并不可怕，每个人都可能有心理问题。当我们出现心理困扰时，应学会主动求助。

第四章 人身与财产安全

一些大学生因涉世不深，社会经验不足，缺乏安全防范意识，法制意识淡薄，易引发一些案件的发生。据统计：发生在大学生中的失窃和上当受骗案件占高校治安案件的75%以上。因此广大大学生要时刻保持清醒头脑，牢固树立安全防范意识。

一、校园暴力的特征与防范

(一) 抢劫与抢夺

案例导读

2010年8月20日，内蒙古某学院学生张某(男)、焦某(女)在校园内，被人勒住脖子实施抢劫。罪犯韩某以非法占有为目的，以暴力手段强行劫取他人财物，其行为已构成抢劫罪。

知识链接

校园暴力是指在校园里发生的暴力事件，也称为学校暴力。大体分为：学生之间的暴力行为、师生间的暴力行为、校外不法分子对学校师生的暴力行为。校园暴力行为不仅指由肢体行为造成的伤害，还包括语言伤害、被强迫做自己不喜欢的事、被故意陷害造成生理和心理的伤害等。严重暴力行为有：抢劫、绑架挟持、故意伤害、故意杀人等。

抢夺是指以非法占有为目的，乘人不备，公开夺取数额较大的公私财物的行为；抢劫是指作案人以暴力、胁迫或其他方法强行抢走财物的行为。抢劫具有很大的危害性和骚扰性，往往转化为凶杀、伤害、强奸等恶性案件。

校园"两抢"(抢夺、抢劫)案件的特点：

★ 发案时间：一般为师生休息或校园内行人稀少，夜深人静之时。

★ 发案环境：多为校园比较偏僻、阴暗、人少的地带。

★ 抢劫的主要对象是单身行走的人员，特别是单身行走的女性。

★ 作案人一般多为校内或学校附近人员，熟悉校园环境，作案后立即逃遁。

安全预防

● 不外露或向人炫耀随身携带的贵重物品，单独外出不带过多的现金。

● 尽量不要独自外出，最好结伴而行。

● 不要独自在偏远、阴暗的林间小道、山路上行走，不到行人稀少、阴暗、偏僻的地方，避开无人之地。

● 尽量避免深夜滞留在外不归或晚归。

● 穿戴适宜，尽量使自己活动方便。

● 一个人外出时不要表现出胆怯害怕的样子。

自我救助

● 保持镇定，克服畏惧、恐慌情绪，冷静分析自己所处的环境，对比双方力量，针对不同情况采取不同对策。

● 学会反抗。有反抗能力时，应及时发动进攻，制服作案人或使作案人丧失继续作案的能力。

● 尽量纠缠。可借助有利地形，利用身边的砖头、木棒等与作案人僵持，等待援助者，并给作案人造成心理上的压力。

● 无法与作案人抗衡时，可看准时机向有人、有灯光或宿舍区奔跑。

● 当无法反抗时，要保持镇定，尝试与作案人交流，使作案人放松警惕，看准时机反抗或逃脱控制。

● 留下痕迹。即趁作案人不注意时留下其痕迹，在作案人离去后，注意作案人的逃跑去向。

● 要注意观察作案人。尽量准确地记下其特征，如身高、年龄、体态、发型、衣着、胡须、疤痕、语言、行为等。

● 及时报案。作案人得逞离去后，立即报案。准确描述作案人特征，以便有关部门及时组织力量布控，抓获作案人。

● 无论什么情况下，只要有可能，就要大声呼救，或故意与作案人高声说话，以引起他人注意。

特别提示

《中华人民共和国刑法》

第二百六十七条 【抢夺罪】抢夺公私财物，数额较大的，处三年以下有期徒刑、拘役或者管制，并处或者单处罚金；数额巨大或者有其他严重情节的，处三年以上十年以下有期徒刑，并处罚金；数额特别巨大或者有其他特别严重情节的，处十年以上有期徒刑或者无期徒刑，并处罚金或者没收财产。

第二百六十三条 【抢劫罪】以暴力、胁迫或者其他方法抢劫公私财物的，处三年以上十年以下有期徒刑，并处罚金；有下列情形之一的，处十年以上有期徒刑、无期徒刑或者死刑，并处罚金或者没收财产：

（一）入户抢劫的；

（二）在公共交通工具上抢劫的；

（三）抢劫银行或者其他金融机构的；

（四）多次抢劫或者抢劫数额巨大的；

（五）抢劫致人重伤、死亡的；

（六）冒充军警人员抢劫的；

(七)持枪抢劫的;

(八)抢劫军用物资或者抢险、救灾、救济物资的。

(二)绑架与暴力挟持

案例导读

案例一:2007年某日晚,承德市某高校女生小梅(化名)在学校教学楼被尤某某持刀绑架劫持。当日23时,公安民警和武警官兵采取强攻措施,将尤某某成功制服,小梅也安全获救。

案例二:2005年11月,一绑匪身缠炸弹闯入郑州某高校学生宿舍,挟持了4名女生,并索要100万元。第二日凌晨2时,警方强行解救时绑匪自爆身亡,造成1名女生及1名特警受伤。

知识链接

绑架是指非法实行暴力手段挟持被绑架者,进而达到敲诈、勒索或者其他条件、目的的行为。

绑架案件的特点:

★ 目标明确,作案前精心谋划,找准目标,伺机作案。

★ 案件发生时间、空间跨度大,绑架后人质一般经过多次转移或改变关押地点。

★ 多人作案,甚至多团伙作案,作案人员文化层次低,有恶习或心理障碍。

★ 绑架犯罪往往与其他犯罪行为,如非法持有枪支、故意伤害、非法拘禁、洗钱、窝藏等并存。

安全预防

● 了解和掌握绑架案发生的一般规律和特点。

● 不显露自己或家庭富有。不随意透露自己或家人的生活、工作、出行计划以及行踪。

● 减少单独出行的机会。

● 出行选择安全的时间和出入的场所，在确认安全之前不要单独与别人包括熟人约会。

● 对所获得的任何意外信息都要冷静分析，认真对待，做好应对措施。

● 掌握和演练应对突发事件的常识和技巧，学会观察和识别可疑人员和可疑情况；学习实用的自卫防身术，准备便携式防护和应急用具。

● 在常用的通讯工具上设置紧急呼救号码、紧急情况下与家人沟通的密语或隐语，以备出现意外情况时使用。

● 观察与自己或家庭有矛盾或有过节的人，不主动挑起事端，淡化处理矛盾。

自我救助

● 被绑架后，尽量保持情绪稳定，冷静思考，观察周围环境，寻找逃脱机会。如果附近人多要果断大声呼救。

● 被绑架转移过程中注意寻找求救机会，如果经过繁华地区，要想办法引起行人注意。

● 身处偏僻无人的地方，要权衡利弊，不盲目呼救或和绑匪搏斗，运用自己的智慧，同绑匪周旋，避免激怒绑匪，使自己受到伤害。

● 遭遇绑架后，当绑匪要你给家里写信或打电话时，应尽可能设法暗示或透露自己所处的地点和行踪。打电话尽量拖延通话时间，以便公安机关确定通话地点，及时解救。

● 被关押后，立即观察周围情况，想方设法递出信息或弄出声响，引起别人注意。

● 记住绑匪的容貌特点、衣着、口音、特征、车牌号码、车型以及歹徒对话的内容，以便协助公安机关侦破案件。

特别提示

《中华人民共和国刑法》

第二百三十九条 【绑架罪】以勒索财物为目的绑架他人的，或者绑架他人作为人质的，处十年以上有期徒刑或者无期徒刑，并处罚金或者没收财产；情节较轻的，处五年以上十年以下有期徒刑，并处罚金。

犯前款罪，致使被绑架人死亡或者杀害被绑架人的，处死刑，并处没收财产。

二、校园盗窃案的特征与防范

（一）高校盗窃案的发案特点和规律

案例导读

2013年10月，合肥某高校大一新生张某乘本宿舍同学和隔壁宿舍同学上晚自习的时候，从阳台进入隔壁宿舍，将一台笔记本电脑偷走。受害同学晚自习回宿舍后，发现电脑被盗，立即向保卫部门报警，保卫部门值班人员接到报警后，立即调取了相关的视频录像，发现张某有重大作案嫌疑，经询问，张某交代了整个盗窃过程。

知识链接

盗窃是指以非法占有为目的，窃取国家、集体或他人财产的行为。高校盗窃案件是指以大学生的财物为侵害目标，采取秘密手段进行窃取并实施占有行为的案件。盗窃犯罪是高校中常见的一种犯罪行为。

1. 盗窃的种类

★ 内盗——指学生内部人员及学校内部管理服务人员实施的盗窃行为。有关资料统计，高校发生的盗窃案件中，内盗案件占一半以上。作案分子往往利用自己熟悉盗窃目标的有关情况，寻找最佳作案时机，因而易于得手。这类案件具有隐蔽性和伪装性的特点，破案难度很大。

★ 外盗——是相对于内盗而言的，指校外社会人员在学校实施的盗窃行为。他们利用学校管理上的漏洞，冒充学校人员或以找人为名进入校园，盗取学校资产或师生财物。

★ 内外勾结盗窃——学校内部人员与校外社会人员相互勾结，在学校内实施的盗窃行为。

2. 高校校园盗窃案件的特点

★ 时间的选择性。作案者往往选择人员流动的空隙时间实施盗窃。例如，上课或集体活动期间，同学们都不在寝室，作案者便会乘虚而入。

★ 目标的准确性。作案者一般对校园情况十分熟悉，或事先进行过踩点，学生、老师的钱或贵重物品，通常放在什么地方，抽屉、柜子的钥匙放在何处，作案者都一清二楚。由于目标准确，情况清楚，作案者一旦行窃，常常十拿九稳。

★ 报案的滞后性。由于作案者实施盗窃大多是在学生和老师上课或参加集体活动的时间段，当学生和老师课后或活动结束后发现钱物被盗，匆忙报案时，作案者早已逃之夭夭。

★ 破案上的艰巨性。因高校人口密度大、成分复杂、报案不及时，特别是内盗居多等原因，客观上增加了破案的难度，导致高校校园的盗窃案件破案率不高。

★ 作案的连续性。由于不能及时破案，致使作案者在第一次作案得手后，产生侥幸心理，往往屡屡作案。

3. 高校中盗窃案件容易发生的场所

★ 学生寝室：学生的现金、贵重物品、生活用品、学习用品主要放在寝室，所以学生宿舍被盗次数在高校内一直占有很高的比例。

★ 教室：许多学生将装有贵重物品的书包放在教室，自己则出去办事或者上厕所，造成物品丢失。

★ 图书馆：图书馆一般不允许将自己的书包带入，而又没有设置专门的存包处，大多数学校是在门口放一个书架等供学生存放书包，因而偷拿别人书包的现象时有发生。

★ 学校的运动场所：许多同学将书包和衣服放在运动场的边角处，且不注意看管，造成现金、贵重物品及衣物的丢失。

★ 学校的浴池：部分学校的浴室没有配备带锁的存衣柜箱，因而造成学生衣服兜内的现金或贵重物品丢失。

★ 学校的食堂：在就餐高峰时，由于人多拥挤，同学们放在口袋或背包里的贵重物品容易丢失。

特别提示

学生宿舍什么时间容易发生被盗案件?

- 刚入学,宿舍较乱时容易被盗。
- 放假宿舍容易被盗。
- 假期,学生离校后,易发生撬门扭锁盗窃。
- 同学都去上课时宿舍容易被盗。
- 学生上晚自习,相邻的宿舍无人,宿舍也可能被盗。
- 夏季开门、开窗睡觉易发乘乘虚而入的盗窃。
- 学校举办大型文体活动,外来人员剧增时,发生盗窃的可能性也会增加。
- 学校开大会、运动会、考试、周末看电影等,因宿舍同学走空,易被盗。
- 新生军训期间,宿舍长期无人居住,易被盗。

(二)大学生如何预防盗窃案的发生

案例导读

2012年5月,某高校张某和同学李某到保卫部门报案,张某带密码的银行卡被人取走3500元。校保卫处立即联系银行,经过调查与取证,发现犯罪嫌疑人原来就是陪同张某前去报案的李某。因李某曾几次陪张某到银行取钱,在张某输入密码时,暗自记下,并注意观察张某银行卡所放地方。在张某寝室无人之机,将张某的银行卡盗走并取走现金。

知识链接

高校中盗窃案件的常见手法:

★ 顺手牵羊盗窃法:作案者利用学生不备,将放在桌上、走廊、阳台等处的钱物据为己有。

★ 溜门盗窃法:作案者以找同学、找老乡、找亲朋为借口,登门入室,乘同学们不在或不注意,盗走现金或贵重物品。

★ 乘虚而入盗窃法：作案者乘同学们不在，房门未锁或同学们睡觉，房门忘栓的机会，入室盗走现金或贵重物品。

★ 外来人员盗窃法：作案者以上门服务、找人、上门推销等为借口，混入教室、图书馆、学生公寓等场所，伺机盗窃现金或贵重物品。

★ 内部人员伺机盗窃法：此种盗窃在校园盗窃案件中所占比例最大，且大多发生在学生宿舍，并多数为本宿室或本班同学所为。

★ 撬门扭锁入室盗窃法：作案者在基本摸清同学们财物的价值、存放地点后，采用踢、撞、顶、撬等方法弄开宿舍大门，入室行窃。使用此法的作案者胆大手狠，现场翻动较大，作案目标以现金和价值高、便于携带的物品为主。

★ 翻墙爬窗入室盗窃法：作案者在基本摸清同学们财物的价值、存放地点后，乘同学们不关窗户以及关窗未插插销，翻越窗子（包括门头气窗）入室行窃，或撬开防盗窗，爬入室内，进行盗窃，在窃得钱物后，又堂而皇之从大门离去或原路翻越而出。

★ 窗外“钓鱼”盗窃法：作案者乘宿舍无人或宿舍人员睡觉之际，从窗户外用竹竿、木棍、铁丝等，将晾晒的衣物和放在桌面、床、凳子上的衣服、包等物钩出室外，再将有价值的物品盗走。

★ 留宿盗窃法：作案者利用个别学生警惕性不高、纪律性不强的弱点，借朋友、老乡、同学等关系，留宿寝室，乘同学们上课或外出活动时，盗窃室内的手机、现金、照相机、电脑等。

★ 内外勾结盗窃法：校内个别教职工或者个别在校学生，勾结社会上的窃贼，内外串通，私自复制钥匙交给窃贼，窃贼在学生上课时或学校放假期间，开锁入室，实施盗窃。

安全预防

● 养成随手关灯、关窗、锁门的习惯。最后离开寝室的同学，哪怕是离开一会，也要关好窗户，锁好门，以防作案者乘隙而入。

● 不留宿外来人员。

● 注意保管好自己的钥匙。包括寝室、箱包、抽屉等的钥匙，不将钥匙随意借给他人或乱丢乱放，以防“不速之客”复制或伺机行窃。

● 注意大额现金及有价证卡的保管。数额较大的现金要及时存入银行，存折或银行卡的密码应选择容易记忆且不易破解的数字，不要选用自己的出生年月或学号等容易破译的数字做密码。另外，存折、信用卡等不要与自己的身份证、学生证等证件放在一起，以防作案者一起盗走后冒领。

● 妥善保管贵重物品。贵重物品不用时最好寄存在公寓管理部门，以防顺手牵羊、乘虚而入者偷走。放假、离开学校应将贵重物品随身带走或委托可靠的人保管，不可留在寝室。晾晒在室外的衣物要注意看管，及时收回，特别是名牌衣物。

● 发现形迹可疑的人进入学生公寓，应主动上前询问，并请他出示相关证件，交由值班人员记录。如果来人神色慌张或闪烁其词，可派人与其交谈，同时抓紧时间报告公寓管理部门或学校保卫部门。

● 严格遵守教室、图书馆的规章制度。高校教室、图书馆都有内部规定或专门的防盗制度(如财物保管制度等)，遵守教室、图书馆的规章制度，有利于保持教室、图书馆的有序、整洁，对于预防盗窃也有着重要作用。

● 在公共阅览室，书包、衣服不能随意放在桌上和椅子上，特别是书包、衣服装有现金或贵重物品时，更应该注意，以防盗贼顺手牵羊。尽量不要在书包内存放现金、存折、信用卡、手机等贵重物品以及身份证、学生证、图书证等。

● 食堂就餐排队(特别是加卡)时，应注意周边环境，提高警惕。背着书包的同学尤其应注意身后的变化，以防有人浑水摸鱼。随身物品不要置于身旁、身后，离开时应把物品带走。

● 参加体育运动或其他活动时，不要把书包、外套随意乱放，有保管处的，应将物品交由保管处保管，若无保管处，则应集中置于显眼处，由专人看管或轮流看管，不能随意乱放。离开前应清点物品。这样不仅可以避免物品遗漏，还可以在物品被盗或者丢失时，及时报告保卫部门。

自我救助

发现寝室被盗：

● 立即向公安机关和学校保卫部门报案。

● 保护好现场，不要让同学进入被盗的房间。

● 如发现存折被盗或可能被盗，立即到银行挂失。

● 如实回答公安保卫人员的提问，回答力求全面、准确。

● 积极向公安保卫干部提供情况，反映线索，协助破案。

特别提示

《中华人民共和国刑法》

第二百六十四条　盗窃公私财物，数额较大或者多次盗窃的，处三年以下有期徒刑、拘役或者管制，并处或者单处罚金；数额巨大或者有其他严重情节的，处三年以上十年以下有期徒刑，并处罚金；数额特别巨大或者有其他特别严重情节的，处十年以上有期徒刑或者无期徒刑，并处罚金或者没收财产。

有下列情形之一的，处无期徒刑或者死刑，并处没收财产：

（一）盗窃金融机构，数额特别巨大的；

（二）盗窃珍贵文物，情节严重的。

第一百九十六条　盗窃信用卡并使用的，依照本法第二百六十四条的规定定罪处罚。

最高人民法院《关于审理盗窃案件具体应用法律若干问题的解释》

第一条　根据《刑法》第二百六十四条的规定，以非法占有为目的，秘密窃取公私财物数额较大或者多次盗窃公私财物的行为，构成盗窃罪。

第二条　《刑法》第二百六十五条规定的“以牟利为目的”，是指为了出售、出租、自用、转让等谋取经济利益的行为。

第三条　盗窃公私财物"数额较大"、"数额巨大"、"数额特别巨大"的标准如下：

（一）个人盗窃公私财物价值人民币五百元至二千元以上的，为"数额较大"。

（二）个人盗窃公私财物价值人民币五千元至二万元以上的，为"数额巨大"。

（三）个人盗窃公私财物价值人民币三万元至十万元以上的，为"数额特别巨大"。

各省、自治区、直辖市高级人民法院可根据本地区经济发展状况，并考虑社会治安状况，在前款规定的数额幅度内，分别确定本地区执行的"数额较大"、"数额巨大"、"数额特别巨大"的标准。

第四条　对于一年内入户盗窃或者在公共场所扒窃三次以上的，应当认定为"多次盗窃"，以盗窃罪定罪处罚。

三、校园诈骗案的特征与防范

（一）校园诈骗案的发案特点

案例导读

某高校新学期开学时，学生陈某正在校门口打电话，这时开来一辆黑色轿车，车上下来一男一女。女子和陈某说他们从南京来，到银行取钱时卡被吞了，现在急需用钱，想让家里把钱汇到陈某的账户上，并许诺事成后会给陈某报酬，陈某没多想就将银行卡号给了他们。在连查三次钱都未到账的情况下，男子打电话催促家里，并将陈某的银行卡要了过去查寻。两人走后，陈某发现银行卡被换，钱全部被取走。

知识链接

校园诈骗案件是指以学生为作案目标，以非法占有为目的，用虚构事实或隐瞒真相的方法骗取数额较大财物行为的案件。这类诈骗案件一般不使用暴力，是在一种平静甚至"愉快"的氛围中进行的，学生往往容易上当。

高校诈骗案件主要有手段上的智能性、方式上的多样性以及目标上的选择性三个主要特征。

★ 手段上的智能性：诈骗分子在高校作案行骗时，一般都是利用丰富的知识和技能经验，经过精心策划，设置诱饵，使受骗者落入圈套。

★ 方式上的多样性：高校诈骗案件的方式是多种多样的。主要有：假冒身份，流窜作案；投其所好，引诱上钩；以次充好，连骗带盗；招聘为名，设置骗局；骗取信任，寻机作案等。

★ 目标上的选择性：诈骗分子在高校行骗常选择求人帮忙，轻率行事；疏于防范，感情用事；贪图便宜，财迷心窍；思想单纯，防范意识较差；贪图虚荣，遇事不够理智；贪小便宜，急功近利等的学生为作案对象。

特别提示

高校诈骗案的作案特点

● 作案时间：一般选择在晚上。

● 物色对象：一般将目标锁定为单独行走的学生。

● 作案人员的特征：20 岁左右，学生打扮，假冒外省名牌大学学生的身份进行行骗。

● 团伙作案：有组织，有计划，有分工。直接接触学生的行骗人员一般两至三人。

(二)大学生如何预防诈骗案的发生

案例导读

某高校学生李某在网上找到一个“刷客”的兼职工作，李某按照对方提供的方法购买充值卡帮商店刷信誉完成任务，他按照对方要求多次在网上向对方购买充值卡。当李某要求对方返还现金时，对方称任务未完成，还要继续购买，李某发现被骗，立即报了警。李某多次共给对方汇款 1500 元。

知识链接

高校诈骗案件的常见类型和手段：

★ 利用推销手段进行诈骗。一些诈骗分子利用大学生刚刚进入学校，对大学生尤其是大一新生进行各种产品的推销，推销的常见商品有所谓的学习必备资料、电子产品、名牌鞋袜、电话卡、手机卡等。而这些东西大多要么以次充好，要么根本就是无法使用的假货、冒牌货。

★ 通过网络交友手段进行诈骗。一些诈骗分子通过聊天室和各种聊天软件等与大学生进行网上交友，骗取大学生信任之后对大学生进行诈骗，他们甚至约大学生见面后劫财、劫色、绑架，对大学生的人身安全造成严重威胁。

★ 网购骗局。很多诈骗分子通过网购渠道，用各种手段逃避网监部门和第三方交易平台的监控，利用有些大学生贪小便宜的心理，对他们进行诈骗。

★ 投其所好，引诱上钩。高校学生面临很大的就业压力和考试压力，一些不法分子便投其所好，张贴各种“四六级代考保过”、出售考研考前答案一类的虚假广告，诱惑一些在就业、考试压力下价值观出现偏差的大学生。

★ 通过虚假招聘的手段进行诈骗。一些诈骗分子利用大学生尤其是临近毕业的学生急于找到工作的心理，通过张贴广告、网络等多种渠道散布虚假的招聘信息，然后以各种理由、名目诱使前来应聘的大学生缴纳各种各样的手续费、报名费、押金等。

★ 短信诈骗。这种诈骗一般是向潜在受害者群体进行诈骗短信群发，谎称对方在某次抽奖中中奖，或谎称自己是公安机关工作人员调查案件需要配合，诱骗受害者向某一特定账号打钱作为手续费，在有人上当以后，他们便销声匿迹。

安全预防

● 通过正规渠道获取信息，不要轻信小广告、小报上的求职、服务等信息。遇到任何高额的投资回报、营销回报的许诺，都不要轻易相信，当心陷入非法集资，非法传销。

● 日常生活中，保持健康心态，树立防骗意识：不贪私利，不图虚荣；理智处事，明辨真伪；洁身自好，严格要求。

● 谨慎交友、不感情用事。对于突如其来的访客，态度要热情，但是处置要小心，不轻信他们的过度热情和“豪言壮语”。

● 接到任何陌生电话，都要认真分析，核对细节，不要轻易相信。对于收到的短信尤其是涉及财物的短信要格外谨慎，哪怕是当事人发来的，也一定要打电话向当事人确认。

● 切实维护个人信息，从源头上防范相关诈骗活动。不要把自己的学校、专业、宿舍、手机号码、家庭住址等情况告诉陌生人，以防被骗子利用。

自我救助

● 平复心情，及时报案。一旦发现被骗，要保持积极的心态，切勿自认倒霉，要尽快向学校保卫部门或公安机关报案。

● 提供线索，配合调查。尽可能将作案人遗留的物品、材料等提供给公安机关，积极配合调查。

特别提示

《中华人民共和国刑法》

第二百六十六条　诈骗公私财物，数额较大的，处三年以下有期徒刑、拘役或者管制，并处或者单处罚金；数额巨大或者有其他严重情节的，处三年以上十年以下有期徒刑，并处罚金；数额特别巨大或者有其他特别严重情节的，处十年以上有期徒刑或者无期徒刑，并处罚金或者没收财产。本法另有规定的，依照规定。

四、性骚扰和性侵害的防范

(一)防性骚扰

案例导读

2014年10月中旬的一天晚上，安徽某高等学校大一女生小袁在公寓内用手机QQ上“附近的人”功能时，有人别有用心提出包养的要求，随后发来一张不雅图片，吓得小袁将手机摔到地上，手机屏幕也被摔坏了。

知识链接

凡是他人作出不受欢迎而与性有关的要求、言语或举止，均构成性骚扰。

日常生活中按照性骚扰行为的轻重程度，可以将性骚扰分为五个等级：

★ 性别骚扰，一切使他人觉得因为性别而被污蔑、蔑视或歧视等的行为。如“你是女生，这事准做不好”。

★ 性挑逗，指不受欢迎、不适当带有性暗示的口语或肢体动作。如讲黄色笑话、展示色情视图、抚摸敏感部位或其他带有暗示性的动作等。

★ 性贿赂，包括一切以性服务或与性有关的行为作为利益交换条件的要求。如以约会或占便宜为条件达到某种目的。

★ 性要挟，以威胁或其他非法手段强迫进行性行为或性服务。如约会中的强行性行为。

★ 性攻击，包括强暴及任何具有伤害性的性暴力和性行为。如强奸等。

为防止伤害事故的发生，建议大学生从以下几个方面做起，学会保护自己：

★ 不要早恋，更不要过早进行性行为，要知道自我保护措施。

★ 不要与社会上不三不四的人员来往。

★ 不要传看黄色视频图片。

★ 女生不要把个人的写真随便发到QQ或微信上，也不要随便发给他人，以免被别有用心的人利用。

★ 不要随便与网友见面，以免遭遇不测，失财失身。

★ 不要与异性，特别是单个异性谈论色情方面的话题。

★ 与异性在一起时尽量不要喝酒。

★ 与异性交往发现有不妥的时候应立即表明态度或报告老师，必要时可立即报警。

★ 外出应乘坐正规的交通工具，切莫乘坐黑车。

★ 犯了错误应通过正规渠道来解决，切勿用性行为来“私了”。

★ 不要参与“三陪”活动。

★ 尽量不要单独外出，特别是夜晚。

★ 女生穿着打扮应得体，不宜穿着暴露。

安全预防

● 校系应组织专门的性方面的教育活动，让学生掌握必要的安全防护知识，增强安全意识，提高自我保护能力。

● 应当严格遵守学校的有关规章制度，服从管理，严禁晚归和旷寝。

● 严格请假制度，实行请假销假手续，未经批准，不得擅自离开学校。

● 把握异性之间的交往分寸，女生要自重，男生要有自制力。

● 不论男女生，应避免恋爱不成走向极端。

● 不要随便与陌生人交谈。

自我救助

● 学生在遭受异性性骚扰时应明确态度，正告对方，以免再次或多次遭受性骚扰。

● 疏远关系，减少接触。一般而言，公共场所是比较安全的，假如遇到非接触不可的情况，应邀同学一同前往，避免单独相处。

● 依靠组织，求助他人。学生如遇到性骚扰应及时向辅导员或学校相关部门反映，依靠组织的力量来教育、惩戒性骚扰人，及时制止性骚扰，既保护自己，也保护他人。

● 当性骚扰达到一定程度时，受害人应勇敢地站出来向公安机关举报，依法制裁犯罪行为。

特别提示

《中华人民共和国治安管理处罚法》(新版)

第十条　治安管理处罚的种类分为：(一)警告；(二)罚款；(三)行政拘留；(四)吊销公安机关发放的许可证。

第四十四条　猥亵他人的，或者在公共场所故意裸露身体，情节恶劣的，处五日以上十日以下拘留；猥亵智力残疾人、精神病人、不满十四周岁的人或者有其他严重情节的，处十日以上十五日以下拘留。

第六十八条　制作、运输、复制、出售、出租淫秽的书刊、图片、影片、音像制品等淫秽物品或者利用计算机信息网络、电话以及其他通讯工具传播淫秽信息的，处十日以上十五日以下拘留，可以并处三千元以下罚款；情节较轻的，处五日以下拘留或者五百元以下罚款。

第六十九条　有下列行为之一的，处十日以上十五日以下拘留，并处五百元以上一千元以下罚款：

(一)组织播放淫秽音像的；

(二)组织或者进行淫秽表演的；

(三)参与聚众淫乱活动的。

明知他人从事前款活动，为其提供条件的，依照前款的规定处罚。

(二)防性侵害

案例导读

2014年8月，女大学生金某独自乘火车到济南转车，遭嫌疑人代某搭讪，并搭乘了代某的电动车，随后代某将其强奸后带回住处，大约四天时间对金某实施了捆绑、殴打、恐吓、强奸等。

知识链接

1. 容易遭遇性侵害的时间和地点

★ 夏天是女生最容易遭遇性侵害的季节。因女生衣着单薄，曲线美，对异性刺激大。

★ 夜晚光线暗，是犯罪分子作案的最佳时间。

★ 公共场所和僻静处所，是女生容易遭受性侵害的地方。在公共场所如教室、礼堂、舞池、溜冰场、游泳池、车站、码头、影院、宿舍、实验室等场所人多拥挤时，不法分子会乘机袭击女生。僻静之处如公园假山、树林深处、狭道小巷、楼顶晒台、没有路灯的街道楼边，尚未交付使用的新建筑内，下班后的电梯内，无人居住的小屋、陋室、茅棚等，由于进入人员稀少，女生极易遭受性侵害。

2. 几种类型的女学生易受攻击

★ 经常出入公共场所、装扮入时、行为不羁的女生。

★ 性格懦弱、胆小怕事的女生。

★ 作风轻浮、胡乱交友的女生。

★ 独处于教室、寝室、实验室、运动场或其他隐藏场所的女生。

★ 怀有隐私，容易被他人要挟的女生。

★ 贪图钱财、贪图享受、缺乏观察识别能力的女生。

★ 意志薄弱、难拒性诱惑以及精神空虚、无视法纪的女生。

★ 夏季衣着单薄、裸露部分较多、曲线毕露的女生。

★ 夜晚长时间、独自在室外活动的女生

3. 女生应熟练掌握防卫知识

一旦遭遇性侵害，在确保生命安全的前提下，要进行反抗。要打击侵害者的要害部位，如头部的太阳穴、两眉之间的印堂穴、小腹、眼睛、生殖器等部位。对犯罪分子的性攻击进行反抗自卫，是一种正当防卫行为，是受到法律保护的。

安全预防

● 不要与陌生人拼车。

● 不要贪恋身外之物。

● 危急时刻不要失去判断力。

● 不要乘坐“黑车”。

● 如需单独外出，应尽量选择白天出行。

● 对无理要求坚决说不。

● 品行端正，不授人以柄。

● 即使有过错，遭遇胁迫，应及时向学校报告，让不法分子无机可乘。

● 不轻易相信陌生人，更不要单独去陌生的地方与人见面。

● 避免单独到别人的家里、宾馆、车内等易受人控制的场所。

自我救助

● 如遇到性侵害，要利用周围一切可以利用的条件进行自救，避免造成伤害。

● 如遇到性侵害，要敢于说不，并注意同犯罪分子周旋，拖延时间，等待机会。

● 如遇到性侵害，也可先假装同意，乘其脱衣不备时猛击其裆部、太阳穴等要害部位，使其丧失侵犯能力。

- 如遇性侵害，要保持头脑清醒，并进行必要的抵抗。
- 在反抗无力时应保存必要的证据并及时报警，依法制裁犯罪行为。

特别提示

《中华人民共和国刑法》

第二百三十六条　【强奸罪】以暴力、胁迫或者其他手段强奸妇女的，处三年以上十年以下有期徒刑。

奸淫不满十四周岁的幼女的，以强奸论，从重处罚。

强奸妇女、奸淫幼女，有下列情形之一的，处十年以上有期徒刑、无期徒刑或者死刑：

（一）强奸妇女、奸淫幼女情节恶劣的；

（二）强奸妇女、奸淫幼女多人的；

（三）在公共场所当众强奸妇女的；

（四）二人以上轮奸的；

（五）致使被害人重伤、死亡或者造成其他严重后果的。

第二百三十七条　【强制猥亵、侮辱妇女罪、猥亵儿童罪】以暴力、胁迫或者其他方法强制猥亵妇女或者侮辱妇女的，处五年以下有期徒刑或者拘役。

聚众或者在公共场所当众犯前款罪的，处五年以上有期徒刑。

猥亵儿童的，依照前两款的规定从重处罚。

第五章 教学实践活动安全

大学生在实验活动、实习实训、体育活动中发生事故伤害，不仅会给学生本人造成巨大的身心伤害，也会给家庭带来沉重的经济和精神负担，严重的还会影响到学校的教育教学活动、企业的正常生产经营。所以在实验活动、实习实训的各个环节，大学生应加强防范意识、掌握安全知识、强化预防措施。

一、实验活动安全

(一)实验室火灾及爆炸安全

案例导读

案例一：2012 年 3 月，广州某高校一名学生在生物催化实验室做实验引起火灾，实验室仪器突然发生爆炸，瞬间冒出巨大的浓烟。整栋楼弥漫着一股刺鼻的焦味。这次事件虽造成比较严重的损失，所幸未造成人员伤亡。

案例二：2013 年 4 月 30 日，南京某高校附近发生一声巨响，接着冒出一股黑烟，两三公里以内均有震感。从消防部门得知，是南京某高校一实验室发生爆炸。爆炸造成 1 人死亡，3 人重伤，房屋倒塌面积达到 34 平方米。

知识链接

1. 实验室火灾相关知识

火灾是实验室，特别是有机实验室最容易发生的事故。多数着火事故是由于加热或处理低沸点有机溶剂时操作不当引起的。化学实验室一般不用水灭火。下面介绍化学实验室必备的几种灭火器材：

★ 沙箱：将干燥的沙子贮于容器中备用，灭火时，将沙子撒在着火处。平时经常保持沙箱干燥，切勿将火柴梗、玻璃管、纸屑等杂物随手丢入沙箱。

★ 灭火毯：通常用大块石棉布作为灭火毯，灭火时包盖住火焰即可。近年来已确证石棉有致癌性，宜改用玻璃纤维布。

★ 二氧化碳灭火器：是化学实验室最常使用、也是最安全的一种灭火器。特别适用于扑灭油脂和电器起火，但不能用于扑灭金属着火。

★ 泡沫灭火器：因泡沫能导电，不能用于扑灭电器着火。

2. 爆炸相关知识

实验室发生爆炸事故的原因：

★ 随便混合化学药品。氧化剂和还原剂的混合物在受热、摩擦或撞击时会发生爆炸。

★ 在密闭体系中进行蒸馏、回流等加热操作。

★ 在加压或减压的实验中使用不耐压的玻璃仪器，气体钢瓶的减压阀失灵。

★ 反应过于激烈而失去控制。

★ 易燃易爆气体大量逸入空气，引起爆燃。

★ 一些本身容易爆炸的化合物受热或被敲击时会爆炸。

安全预防

1. 火灾预防

● 严禁在开口容器或密闭体系中用明火加热有机溶剂。

● 废溶剂严禁倒入污物缸，燃着的或阴燃的火柴梗不得乱丢，应在实验结束后一并集中处理。

● 金属钠严禁与水接触，废钠通常用乙醇销毁。

● 不得在烘箱内存放、干燥、烘焙有机物。

● 使用氧气钢瓶时，不得让氧气大量溢入室内。

2. 爆炸防范

● 取出的试剂药品不得随便倒回贮备瓶中，也不能随手倾入污物缸，应根据教师的意见来处理。

● 在做高压或减压实验时，应使用防护屏或戴防护面罩。

● 不得让气体钢瓶在地上滚动，不得撞击钢瓶表头，更不得随意调换表头。搬运钢瓶时应使用钢瓶车。

● 使用和制备易燃易爆气体，如氢气、乙炔等时，必须在通风橱内进行，并不得在其附近点火。

● 煤气灯用完后或中途煤气供应中断时，应立即关闭煤气龙头。若遇煤气泄漏，必须停止实验，立即报告教师检修。

自我救助

着火时的急救：

● 一旦失火，首先采取措施防止火势蔓延，应立即熄灭附近所有火源(如煤气灯)，切断电源，移开易燃易爆物品。并视火势大小，采取不同的扑灭方法。

● 若衣服着火，切勿慌张奔跑，以免风助火势。如衣物是化纤织品，最好立即脱除。一般小火可用湿抹布、灭火毯等包裹使火熄灭。若火势较大，可就近用水龙头浇灭。必要时可就地卧倒打滚，一方面防止火焰烧向头部，另一方面可在地上压住着火处，使其熄火。

● 若因冲料、渗漏、油浴着火，有效的扑灭方法是用几层灭火毯包住着火部位，隔绝空气，使其熄灭，必要时在灭火毯上撒些细沙。若仍不奏效，必须使用灭火器，由火场的周围逐渐向中心处扑灭。

特别提示

化学实验的废液大多数是有害或有毒的，不能直接排到下水管道中，可先用废液缸收集储存，再集中处理。但一些能相互反应产生有毒物质的废液不能随意混合，如强氧化剂与盐酸、硫化物、易燃物，硝酸盐和硫酸，有机物与过氧化物，磷和强碱（产生 PH_3），亚硝酸盐和强酸（产生 HNO_2），MnO_2、$KMnO_4$、$KClO_3$ 等不能与浓盐酸混合。

（二）实验室中毒及灼伤安全

案例导读

案例一：2012 年 5 月 16 日，本溪某大学学生在实验室做实验时，因天气炎热，没有穿戴防护用具。实验中不小心打翻装有浓硫酸的瓶子，身上多处部位被浓硫酸溅到，又用大量清水冲洗，以致酿成惨剧。

案例二：2012 年 2 月 15 日，南京某高校实验室发生甲醛泄漏事故，不少正在做实验的学生出现了喉咙痛、流眼泪、感觉不适的症状。老师进行紧急疏散，才避免造成重大人员伤亡。事故原因是老师做实验时违规离开。

知识链接

化学药品除具有易燃易爆的特点外，还具有腐蚀性、刺激性、对人体的毒性，特别是致癌性。使用不慎会造成中毒或化学灼伤。需指出的是，实验室中的绝大多数有机化合物对人体都有不同程度的毒害。

化学中毒的主要原因：

★ 由呼吸道吸入有毒物质的蒸气。

★ 有毒药品通过皮肤吸收进入人体。

★ 吃进被有毒物质污染的食物或误食有毒药品。

化学灼伤则是由皮肤直接接触强腐蚀性物质、强氧化剂、强还原剂，如浓酸、浓碱、氢氟酸、钠、溴等引起。

安全预防

● 佩戴护目镜，防止眼睛受刺激性气体熏染或强酸、强碱、玻璃屑等异物进入眼内。

● 禁止用手直接取用化学药品，使用化学药品时除用药匙、量器外必须佩戴橡皮手套，实验后马上清洗仪器用具，立即用肥皂洗手。

● 处理具有刺激性、恶臭和有毒的化学药品时，必须在通风橱中进行。通风橱开启后不要把头伸入橱内，保持实验室通风良好。

● 严禁在酸性介质中使用氰化物。

● 禁止用口吸吸管移取浓酸、浓碱、有毒液体，应用洗耳球吸取。禁止冒险品尝药品试剂，不得用鼻子直接嗅气体。

● 不要用乙醇等有机溶剂擦洗溅在皮肤上的药品。

● 实验室里禁止吸烟进食，禁止赤膊穿拖鞋。

自我救助

1. 化学灼伤的急救

● 眼睛灼伤或有异物进入眼内：一旦眼里溅入化学药品，须立即用水缓缓彻底冲洗。玻璃屑进入眼睛是比较危险的。这时尽量不要转动眼球，可任其流泪，有时碎屑会随泪水流出。用纱布轻轻包住眼睛后，将伤者急送医院处理。若进入眼睛的是木屑、尘粒等异物，可让他人翻开眼睑，用消毒棉签轻轻取出异物，或任其流泪。

● 皮肤灼伤：酸灼伤可先用水冲洗，以免深度受伤，再用稀 $NaHCO_3$ 溶液或稀氨水浸洗。碱灼伤可先用水冲洗，再用 1% 的硼酸溶液浸洗，最后用水洗。灼伤后，若创面起水泡，不宜把水泡挑破。

2. 中毒的急救

● 固体或液体毒物中毒：有毒物质尚在嘴里的，立即吐掉，用大量水漱口。误食碱者，应先饮大量水，再喝些牛奶。误食酸者，应先喝水，再服 $Mg(OH)_2$ 乳剂，最后饮些牛奶。重金属盐中毒者，喝一杯含有几克 $MgSO_4$ 的水溶液后应立即就医。砷和汞化物中毒者，必须紧急就医。

● 吸入气体或蒸气中毒者应立即转移至室外，解开衣领和纽扣，呼吸新鲜空气。对休克者应施以人工呼吸，但不要用口对口法。应立即送医院急救。

特别提示

利用实验室医药箱处理伤口

医药箱内一般有下列急救药品和器具：

● 医用酒精、碘酒、红药水、紫药水、止血粉、创可贴、烫伤油膏（或万花油）、鱼肝油、1%硼酸溶液或2%醋酸溶液、1%碳酸氢钠溶液、20%硫代硫酸钠溶液等。

● 医用镊子、剪刀、纱布、药棉、棉签、绷带等。

医药箱专供急救用，不允许随便挪动，平时不得动用其中器具。

二、实习活动安全

（一）实习中的人身活动安全

案例导读

2008年9月，小陈等13名职校学生经校方推荐，由上海某机电公司安排在车间实习。公司与学校、小陈分别签订实习协议，约定学生在实习期如因个人原因或其他原因遭受事故伤害，责任由实习学生及其所在学校承担。同月28日，小陈在车间从事加热热缩管工作，将加热管放在车间的桶上，不料发生火焰爆燃，被灼伤。后经司法鉴定，小陈被评定为十级伤残。

知识链接

实习过程中发生安全事故的原因：

★ 心理准备不充分：实习实训前大学生对实习实训单位的环境、工作等的认识过于理想化。在进入实习现场时对可能遇到的问题缺乏应有的心理准备。社会经验相对欠缺，缺乏足够的防范意识。

★ 安全意识淡薄：大学生对于学校和实习实训单位的安全教育缺乏足够重视，安全意识淡薄。

★ 操作技能水平低：大学生的职业技能水平及对操作流程的了解，

直接影响机器的安全运行和操作的可靠性，尤其是面对突发事件时职业水平在事故的控制处理等方面往往起重要作用。

★ 对相关法律知识缺乏了解：当自己的权益受到侵犯时，不懂得利用相关法律维护自己的合法权益，从而导致侵权事件的发生。

安全预防

1. 理工类

● 正确穿戴工作服（有的还需要穿连裤、连帽的工作服）、头盔和眼镜等。

● 不在粉尘作业现场进食、抽烟、饮水等。

● 在高音的地方工作，应佩戴个人防护用品，如耳塞、耳罩、帽盔等。

● 实习前学生应认真参加职业卫生培训和在岗期间的定期职业卫生培训。

● 遵守有关法律、法规和操作规程，正确使用职业中毒危害防护设备和职业中毒危害个人防护用品。

● 作业场所和自己住的地方要分开，非工作时间不要在作业场所逗留。

2. 财经类

● 实习前对实习单位作详细了解，谨防实习单位只是挂牌的空壳经济诈骗单位。

特别提示

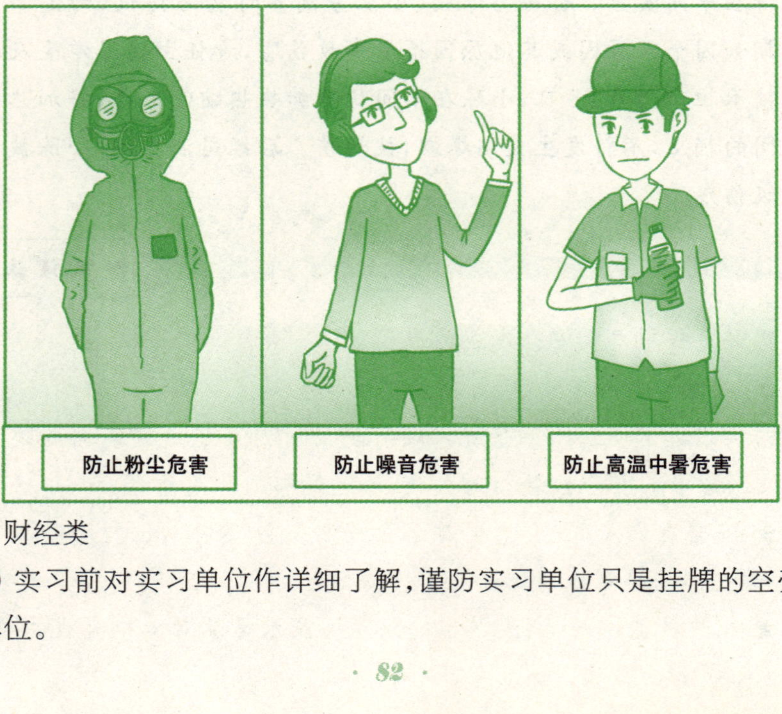

● 熟悉关于财经类的法律法规、财务操作流程,以防因自身的失误和疏忽造成人身伤害。

● 对财务过程中产生的各种票据要有选择地铭记或保存,以便必要时作为第一手证据。

● 签约时应注意约定事项。实习协议中应确定实习的报酬金额、支付方式、实习时间等。实习截止日期应在毕业日期之前,根据教育部相关要求,每天实习时间不超过 8 小时。

3.师范类

● 选择正规、有资质的学校实习,最好在学校的统一安排下实习。

● 和实习期间的同事保持适当接触,女大学生应该更加注意。

● 实习期间切勿因情绪等问题和学生发生肢体冲突以及激烈的矛盾。

4.建筑类

● 尽量不要在建筑物周边活动,非要在建筑物周边活动时,应佩戴好安全帽等。

● 在隧道工作要注意避开易塌方区。

● 注意工地上的坑和部分工业用井,防止掉入;在建筑物上作业,要防止踩空,坠落。

5.医学类

● 不要选择没有资质、不正规的医院或诊所实习。

● 遵从学校和实习医院的统一住宿管理,不私自在外租住房屋。

● 严格遵守医院实习大纲确定的轮转计划,不擅自更换自己的带教老师。

● 学习相关法律知识,未经带教老师批准,不擅自独立进行操作,以免对患者造成伤害,引起医疗纠纷。

● 因工作的特殊性,医务人员在工作过程中易被患者的感染性体液、血液、排泄物感染,所以实习前要配合医院进行职业暴露防护培训。

● 佩戴屏蔽衣、屏蔽头盔和屏蔽眼镜,这些防护用具可以有效地降低磁辐射强度,保护相关医务人员的身体健康。

● 尽量不要和病患及其家属发生冲突。

自我救助

1. 理工类

● 如遇严重噪音危害,如失聪、持续耳鸣等,应及时就医。

● 如化工厂出现中毒事件,应迅速将中毒人员撤离危险区域,防止中毒情况加重,并拨打120紧急救助热线。未中毒的人员应停止作业,控制事故现场,防止事态扩大,把事故危害降到最低限度。

2. 建筑类

● 如被高空坠物砸伤后出现出血现象,首先应止血,其次要包扎以防感染,并及时拨打求救电话。如是骨骼等器官受伤害,尽量不要移动以免发生错位,并及时拨打求救电话。

● 如遇坍塌事故,塌陷程度较小、伤害不严重时,可以自救。如走路时遇路面塌陷,可以顺塌陷壁抓住路面脱离塌陷区。塌陷造成的伤害较严重时,首先要保持冷静,避免因情绪波动造成更大的伤害;其次应积极呼救,如果是露天塌陷,可以通过大声呼救寻求帮助,如果是深陷塌陷区域,可以通过敲打固体等方式向外界求救。

3. 医学类

● 若是自己找的实习单位,发现进入不正规的医院或诊所,应想办法及时脱身。

● 在实习过程中被细菌或者病毒感染后,应及时隔离并做好专业处理。

● 遇家属过分激动或出现医闹后,做好自我防护并及时报警,不要独自行动。

4. 师范财经类

一般来说,这类实习学生出现人身安全问题相对要少些。若是发生任何侵权纠纷,应第一时间通知学校,由学校出面与实习单位协商解决,并终止实习工作。

特别提示

《中华人民共和国劳动合同法》

第九条　用人单位招用劳动者,不得扣押劳动者的居民身份证和其他证件,不得要求劳动者提供担保或者以其他名义向劳动者收取财物。

第二十条　劳动者在试用期的工资不得低于本单位相同岗位最低档工资或者劳动合同约定工资的百分之八十，并不得低于用人单位所在地的最低工资标准。

（二）实习中的财产信息安全

案例导读

2015 年 4 月，学生郭某报警称：在网上认识一个自称是北京某科技公司的员工，为其介绍了一个网络刷单的兼职工作。于是按对方指示购买了 16 笔共 1648 元的“中国移动充值卡”，刷单结束后，对方并未返还本金与佣金，郭某才发现被骗。

知识链接

实习时应注意以下事项：

★ 招聘信息的安全：仔细鉴别招聘信息及招聘公司的合法性，应尽量通过正规途径获取信息，如果学校有安排实习单位，应在指定单位实习。如果没有安排，尽量选择信誉佳的公司应聘实习。

★ 实习面试的安全：接到面试通知时，要问清对方的办公地址和固定联系电话，若招聘单位只有单一的手机联系方式，要高度警惕，谨防上当受骗，切忌到不明确或存在安全隐患的地方面试。面试前要清楚告诉家人或同学面试的时间和地点，保持手机的畅通。如需上交证件，只能交影印本不应给原件。

★ 实习工作时的安全：上班时，态度、言行应谨慎，不轻易允诺非公务以外的不当要求。刚到新公司应先熟悉环境，谨慎处理不熟悉同事的邀约。注意公司营运情况，是否仅为空壳公司或别有意图。工作时应严格按要求执行，认真对待。

★ 加强个人信息的保密：不要将个人的所有联系方式都提供给招聘单位，一般提供手机号码和电子邮件即可，最好不要提供宿舍或者家庭电话。接到陌生人电话，应拨打 114 进行核实，或者与老师、同学一起分析商量；填写个人信息时应慎重。

★ 注意个别收费的合理性：若招聘方以各种形式向求职者收取报名费、培训费、押金等费用，求职者应提高警惕，拒绝缴纳各种费用。如上当受骗，求职者可向当地劳动保障监察部门或公安部门报警，寻求法律保护。

安全预防

● 尽量不要在公司电脑上登陆自己的网银等。不要用那些不设密码的无线网络、安全系统低的电脑，登陆个人信息尤其是个人的财产信息。

● 借钱给同事须谨慎。对于那些不可信的同事提出的借钱要求，可以婉言谢绝；即使借钱，数额也不宜过大。

● 发现可疑人员时，除要防止自己的物品丢失外，也要及时、巧妙地提醒顾客保护好自己的财物，避免出现损失，引起纠纷。

●不要将公私财产混淆。一来避免误会，二来避免吃亏上当。

自我救助

● 如遇克扣工资的情况，应向学校保卫部门报告求助或通过问政栏目投诉并求助。

● 若是银行卡或者存折之类丢失，应在第一时间到银行挂失，并及时补办。

● 工作期间钱财丢失，可以在公司内部寻找，并报告单位相关部门。

● 若丢失的金额比较大，应及时向公安机关报警，并积极协助调查。

特别提示

大学生实习期间享有的权益

★ 实习单位与实习人员签订实习合同或协议。

★ 实习单位应为实习人员提供安全健康的实习环境。

★ 实习单位应为实习人员购买人身意外伤害保险。

★ 实习期间，实习单位应发放合理的报酬。

★ 实习单位对实习学生进行相应培训和安全教育。

★ 实习期间由于没有形成劳动关系，实习生在实习过程中遭遇意外伤害，按规定不能定性为工伤，只属于普通的民事纠纷。如果遇到这种情况，且与用人单位协商不成时，实习生可依据《中华人民共和国民事诉讼法》向法院起诉，或请求按民事伤害赔偿的有关规定和标准索赔。

大学生实习期间承担的义务

★ 大学生应服从实习单位的工作安排，爱护实习单位的财产和设施，维护实习单位的声誉和经济利益。

★ 大学生应遵纪守法，遵守企业各项规章制度和劳动管理规定，服从管理，如违反实习单位制度，实习单位可视情节轻重与学校协商后进行处分。对于情节严重者，经与学校协商，实习单位有权终止其实习并退回学校处理，同时停止支付该学生的实习补贴。

★ 实习期间，学生若擅自离开实习单位，实习单位将不支付该学生的实习补贴，同时该学生应接受学校与实习单位协商的行政和经济处罚（正常办理手续的学生除外）。

三、体育活动安全

案例导读

某大学商学院2006级和2007级学生进行一场足球友谊赛。比赛开始后不久，2006级学生首先破门。丢球后的2007级学生变得急躁起来，踢球和抢球的动作逐渐加大，裁判员见状频频吹哨，引起场上2007级学生的不满。2006级学生洪某接到队友传球后准备带球突破，2007级的刘某情急之下飞身铲球，结果将洪某铲倒在地。导致洪某脚部受伤，后经医生诊断，洪某为韧带撕裂。

知识链接

1. 运动损伤的概念和分类

★ 定义：体育运动中，造成人体组织或器官在解剖上的破坏或生理上的紊乱，称为运动损伤。

★ 分类：运动损伤按时间可分新伤和旧伤；按病程可分为急性损伤和慢性损伤；按性质可分为开放性损伤和闭合性损伤；按程度可分为轻

度损伤、中度损伤和重伤。

2.运动损伤发生的原因

★ 认识不足,措施不当:没有充分认识运动损伤预防的重要性,未能采取积极有效的预防措施,从而导致运动损伤的发生。

★ 准备运动不充分:

(1)不做准备活动就进行剧烈的体育活动,易造成肌肉损伤、扭伤。

(2)准备活动敷衍了事,在神经系统和各器官系统的功能尚未达到适宜水平就进行运动。

(3)准备活动的内容不当。

(4)过量的准备活动致使身体功能不是处于最佳状态而是呈下降趋势。

★ 不良的心理状态:如缺乏经验、思想麻痹、情绪急躁;在练习中因恐惧、害羞而犹豫不决或过分紧张等。

★ 体育基础差、身体弱,或动作要领掌握不正确,一时不能适应体育活动的需要,或自不量力,容易发生损伤事件。

★ 天气不好,如气温过高,易导致大量出汗失水;在寒冷的冬季,易发生冻狎或其他损伤事件。

★ 组织纪律混乱和违反活动规定也是造成伤害事件的原因。

安全预防

1.室内体育活动安全预防

● 防磕碰。室内空间比较狭小,所以不应在室内追逐、打闹、做剧烈的运动和游戏,防止磕碰受伤。

● 防滑、防摔。室内地板比较光滑,要防止滑倒受伤;需要登高取放物品时,要注意防止摔伤。

● 防坠落。不要将身体探出阳台或窗外,谨防坠楼。

● 防挤压。房门、窗户、柜门、抽屉等在开关时容易挤手,也应当小心。

● 防火灾。室内易燃品较多,要注意防火。不要在室内玩火,更不能在室内燃放爆竹。

● 防意外伤害。如锥、刀、剪等锋利、尖锐的工具,图钉、大头针等文具,用后应妥善存放起来，不能随意放在床上、椅子上，以免有人受到伤害。

2.赛场体育活动安全预防

● 跑步时：要按照规定的跑道进行，不能串跑道，以免相互绊倒。

● 跳远时：必须严格按老师的指导助跑、起跳。起跳前前脚要踏中木制起跳板，起跳后要落入沙坑中。

● 投掷训练时：如投手榴弹、铅球、铁饼、标枪等，一定要按老师的口令进行，令行禁止，以免击中他人或者自己被击中，造成伤害。

● 单、双杠和跳高训练时：器械下面必须准备好厚度符合要求的垫子。做单、双杠动作时，要采取措施使双手握杠时不打滑，避免从杠上摔下。

● 前后滚翻、俯卧撑、仰卧起坐时：要严肃认真，不能打闹，以免发生扭伤。

● 篮球、足球等项目训练时：要学会保护自己，不要在争抢中蛮干而伤及他人。在这些运动中，自觉遵守竞赛规则是很重要的。

自我救助

● 重度扭伤：应先止血、止痛。可把受伤肢体抬高，用冷水淋洗伤部或用冷毛巾进行冷敷，使血管收缩，减轻疼痛。不要乱揉乱动，以免增加出血。然后在伤处垫上棉花，用绷带加压包扎。受伤 48 小时后改用热敷，促进淤血吸收。

● 脑震荡：可分为轻度、中度和重度脑震荡。处理：轻度脑震荡患者需卧

床休息一、二天，可在一星期后参加适当的活动。对中度、重度脑震荡患者，要保持其仰卧在平坦的地方，冷敷头部，注意保暖，及时送医院治疗。

● 脱臼：动作要轻巧，不可乱伸乱扭。可以先冷敷，扎上绷带，保持关节固定不动，再请医生矫治。

● 骨折：首先应防止休克，注意保暖，止血止痛，然后包扎固定，送医院治疗。

● 肌肉痉挛：常见的缓解法是拉长痉挛的肌肉，同时配合局部按摩、点压穴位等方法促进缓解。

特别提示

体育锻炼的几个认识误区

● 初始阶段就进行大量运动、大强度锻炼。

突然大量运动，机体难以适应，会出现严重的疲劳感、浑身酸痛或引发疾病，还可能引起肌腱、肌肉拉伤。正确的锻炼方法是：从小运动量、小幅度、简单动作开始，让机体有个适应的过程，然后逐渐加大运动量，动作也要慢慢由易变难。

● 只有出汗才算运动有效。

不能把出汗与不出汗作为衡量运动是否有效的标准。先热身是为了适应后续的锻炼，有利于伸拉，以免造成损伤。且热身不一定会出汗。

● 晨练比暮练好。

由于早晨人的血液凝聚力高，形成血栓的危险性也相对增加，因而早晨是心脏病发作的高峰期。相反，黄昏是体育锻炼的理想时期。应该是暮练比晨练好。

● 不管选择什么运动项目，都习惯穿一种鞋。

要注重运动的功能性，不同运动项目要穿不同的鞋，鞋要合脚舒适。

● 带病坚持锻炼有利于疾病恢复。

这是一种最危险的错误观念。若身体不适，就应暂停运动或减少运动量，否则会加重病情，延长病期。如果在运动中出现眩晕、胸闷、胸痛、气短等症状，应立即停止一切活动，必要时可叫救护车，切忌硬撑或等待，以防运动诱发猝死。

● 运动过程中，口渴时大量饮水或口干舌燥时忍着不喝水。

运动过程中大量喝水会刺激胃,但忍着不喝水也不对。运动过程中可以适当补水,以防体力不支。补水的办法应是小口缓咽,每次补水不宜太多,而且水不宜太凉,能缓解口渴症状就好。一小时以内的运动,补温开水即可。

● 剧烈运动时立即停下来休息。

剧烈运动时如果立即停下来休息,肌肉的节律性收缩就会停止,原先流进肌肉的大量血液就不能通过肌肉收缩流回心脏,外周血液增多,造成血压降低,出现脑部暂时性缺血,引发心慌气短、头晕眼花、面色苍白,甚至休克等症状。

第六章 社交活动安全

社交是指社会上人与人的交际往来，是人们运用一定的方式（工具）传递信息、交流思想，以达到某种目的的社会活动。当今时代，经济和社会环境的变化使得人与人之间的交往显得更加重要。作为在校大学生，只有不断与校内外各类人员进行交往和信息沟通，才能不断丰富自己、发展自己。因此社团工作、大型活动、求职就业等方面的安全问题越来越突显，对在校大学生进行社交活动安全教育也更加迫切。

一、社团活动安全

（一）社团运行安全

案例导读

某高校的几名学生牵头成立了一个学生社团，专为各英语培训机构做校园代理。原有校园店的代理业务被蚕食，校园店对学生社团从事经营行为表示质疑。某律师事务所主任分析，该社团属于一种自治组织，不能以赢利为目的开展活动，但也不一定为非法，只是没有纳入正规管理而已。

知识链接

高校社团组织是高等学校学生在自愿基础上自由结成、按照章程自主开展活动的学生群众组织。

《中华人民共和国治安管理处罚法》规定的非法社团活动包括两类：一是违反国家规定，未经注册登记，以社会团体名义进行活动，被取缔后仍进行活动的行为；二是被依法撤销登记的社会团体，仍以社会团体的名义进行活动的行为。

《中华人民共和国宪法》第三十五条规定，公民有结社的自由。成立社会团体或者以社会团体的名义开展活动，首先要依法履行登记手续，经批准后进行活动。社团是社会体系中的一种组织形态、社会结构方式和社会成员集体活动载体。按现在的定义，社团是由社会公民自愿组成，为实现会员的共同意愿，按照其章程开展活动的非赢利性社会组织。根据对社团所下定义可以看出，所谓高等学校学生社团，是指大学生为了满足心理、文化、生活、社会需要而自发筹备并经学校有关部门批准成立、具有一定的目标和活动规范，以及固定成员和特定活动内容的群众组织。

当代大学教育体系中，学生社团作为大学生成长的第二课堂，发挥着第一课堂不可代替的作用，加强课外活动，努力创造机会，让学生参与社会活动。丰富多彩的社团活动，可以激发大学生多方面的潜能，提高各方面的素质。

安全预防

成立大学生社团要确保其安全性、合法性，大学生成立和参加某一社团必须遵守高校相关的管理程序：

● 有创建社团意向的同学必须通过高校社团联合会（以下简称“社联”）了解有关规定。高校学生社团（以下简称“社团”）是指根据兴趣爱好自愿组成的，按照相关制度开展活动的非赢利性学生群众组织。

● 向社联提供相关的申请材料，包括社团名称、宗旨、活动内容、活动规范，组织机构、负责人和成员情况，经费来源和其他需要说明的事项等。

● 提交申请，经学校有关职能部门审批同意后才可以成立社团组织；社团负责人必须在规定的时间内到有关部门注册。

● 社团干部必须按照社团大会选举和学校考察的方式产生，以确保其能有效地领导、组织社团活动。

● 学生社团必须具备明确的章程以规定其性质、宗旨、任务、组织机构和原则、成员的权利和义务、活动规范、管理制度等，必须有完整的组织机构及至少一名指导老师。

● 社团成员入社必须经过社团理事会审核批准，登记注册后颁发会员证，并规定成员的权利和义务。

● 社团编印刊物必须经学校批准并接受学校管理。每期刊物都应报社联备案，并且只限于校内张贴、散发。在校内张贴刊物、海报和通知也应按照社联管理方法张贴在指定和许可的地方。根据国家对刊物的有关规定，校内刊物不得向社会散发和张贴，否则视为非法刊物。

特别提示

《中华人民共和国宪法》、《社会团体登记管理条例》、《中华人民共和国教育法》等法律法规，对社团组织及学生社团作了相应规定。如《社会团体登记管理条例》第二条定义社会团体为“中国公民自愿组成，为实现会员共同意愿，按照其章程开展活动的非营利性社会组织”；第三条规定企业事业单位内部批准在本单位内部活动的团体不属于本条例规定的登记范围。可见，高等学校作为国家设立的教育法人单位，高校对学生社团的管理是授权的行政行为。依此高校应对拟成立的学生组织章程进行合法性审查，杜绝非法性质、超出法律规定范围的社团，如赢利性社团、带有邪教与迷信性质的社团。另外，高校要依法建立健全社团活动安全管理规定，完善活动安全审核制度。

（二）社团工作安全

案例导读

某校学生相当活跃，学生社团众多，但同时社团同质化现象严重。

某两家公益社团同时开展收取废旧瓶子的活动。两家会员由于抢占资源问题发生争执，矛盾激化，最后大打出手。对于学生的社团活动，学校有关管理部门没有给予足够重视，从而造成上述冲突，严重影响了学生的学习与正常的人际交往。

知识链接

随着社团数量的增加，活动中的群体性事件不断增多。由于社团组织缺乏严明的纪律性，对活动的审批、监管不严，且处置突发事件的经验不足，一旦产生如争占活动场所、发展会员、争取学校经费等问题，就可能引发群体性事件和流血斗殴事件。

安全预防

● 学校相关管理部门应加强宏观指导，指派专业指导老师对社团活动进行监督和指导。

● 建立、健全规范、合理的社团生成机制，使大学生社团活动从产生之初就步入健康、合理、合法的轨道。

● 制定严格的社团活动审批制度，加强资源整合。

特别提示

《中华人民共和国治安管理处罚法》

第二十六条　有下列行为之一的，处五日以上十日以下拘留，可以并处五百元以下罚款；情节较重的，处十日以上十五日以下拘留，可以并处一千元以下罚款：

（一）结伙斗殴的；

（二）追逐、拦截他人的；

（三）强拿硬要或者任意损毁、占用公私财物的；

（四）其他寻衅滋事行为。

（三）社团对外交流安全

案例导读

某高校社团组织负责人王某接到一个中介公司的电话，说有家赞助商网站要赞助该学生社团，赞助条件就是在赞助商的网站上帮忙注册账号。考虑工作比较简单，且有赞助，王某就接了这个工作。王某发动会员加班加点地完成注册之后，一直没拿到赞助费，到11月份，王某联系这家中介公司，让王某大出意外，赞助费用竟被中介公司私吞了。因没有签订任何赞助协议，王某没有证据投诉该中介公司。

知识链接

学生社团赞助经常发生侵权问题。由社团组织的勤工助学、联系企业赞助、开展商品推销等活动，容易发生侵权问题。

安全预防

外联活动安全是大学生社团活动的主要安全问题。为确保社团外联活动安全，必须注意以下几个方面：

● 通过网络、实地考察等方式了解赞助公司的基本情况，以免被一些假冒公司等欺骗。

● 外联人员外出拉赞助，需向社团负责人申请，经同意后方可。

● 外联人员外出拉赞助需有两名以上人员陪同，并携带相关证件，确定外联单位地址和乘车路线，以确保人身安全。

● 条件谈妥后要签署协议，确保由单位负责人盖章，以免社团活动结束单位拒绝支付赞助费。

● 外联人员拉得赞助后须向学校相关部门汇报，赞助费须汇到学校专门的对公账户，得到批准后才可举行活动，待活动结束，按规定报销经费。

特别提示

《某高校学生社团商业赞助管理办法》

第一条　学生社团在发展本社团的过程中，经校团委批准可以向校外企业或部门争取以资金、实物等方式的赞助。

第二条　为防止学生社团活动商业化、功利化，背离学生社团活动宗旨，扰乱学校正常秩序，影响学生社团整体外联环境，对学生社团所有接受的商业赞助活动，实行审批管理制度。

第三条　社团对赞助企业，应进行必要的调查分析研究，明晰企业背景和信誉，防止为不法企业进行宣传。

第四条　帮助企业在校内推广产品的，不得损害消费者（广大师生）的利益，不得有损于学校和社团的形象。社团在接受捐赠或争取赞助的过程中不得承诺社团章程规定范围之外的条件。

第五条　在对企业进行调查分析的基础上，可适当接受一定数量的赞助，并明确社团对企业的回报，对于把经济利益放在首位的企业的“收购型”赞助，坚决加以拒绝。

第六条　社团接受商业赞助原则上须签订书面合同。

第七条　加强社团管理及社团成员的思想教育，建立健全社团管理制度，切实使用好赞助金。

第八条　学生社团获得的赞助资金必须合理用于学生社团活动，如有发现滥用赞助资金或用于非社团活动的，校社联对其进行警告，屡犯者将上报校团委进行相应的纪律处分。

第九条　做好对赞助企业的服务工作。社团接受企业赞助应本着“双向受益、互惠互利”的原则，积极寻找二者之间的共同点，尽社团所能做好回报工作。在不违反有关规定的前提下，可以进行企业文化宣传，聘请企业有关负责人为社团顾问，以加强社团和赞助单位间的联系。

第十条　学生社团在校内为赞助商进行的经销、宣传等一切活动必须随活动的结束而停止。

第十一条　如果赞助商因宣传效果未达到预期目的或因双方未履行赞助合同所规定的权利和义务而发生纠纷，一切责任由学生社团自行根据与赞助商签订的协议处理，但不得损害社会、他人和学校的利益。

二、社交安全

（一）创业安全

案例导读

创业心切而资金缺乏的某高校毕业生张某在浏览网页时，注意到一则无抵押、无担保小额贷款广告。通过QQ，张某与对方取得联系。对方热情介绍了贷款的优厚条件，但提出须先交付5000元合同手续费，由于急需创业资金，张某轻易就相信了对方。可通过网上转账交了合同手续费后，张某就再也联系不上对方了。

知识链接

大学生创业所面临的风险：

★ 资金风险。大学生创业融资渠道主要为银行贷款、自筹资金、民间贷款，形式单一，加上社会经验缺乏，很多大学生在融资时被骗。

★ 选择项目盲目。很多大学生创业仅凭一时兴趣与想象，没有做好市场调研，最终导致创业失败。

★ 技术风险。技术风险指在创业设计向产品转化的过程中，因技术因素导致产品转化失败的可能性。一些大学生创业者眼高手低，在进行实际的技术操作时，才发现自己不具备解决问题的能力，从而导致一无所获。

★ 竞争风险。市场经济条件下，任何企业都要面对激烈的市场竞争。对于大学生创业企业来说，竞争压力与风险更大。

★ 法律意识淡薄。很多大学生创业前很少认真了解与创业相关的法律内容。

安全预防

● 学校要注重对大学生创业意识的培养，提升大学生创业能力，开展丰富的创业实践活动。

● 谨慎选择融资方式。选择个人创业或企业创业的保证贷款、抵押贷款、质押贷款与银行贷款等，选择合法的贷款机构，切勿轻易缴纳各种押金、手续费等。

● 充分了解所在地的大学生创业优惠政策，积极参加创业培训与创业指导，争取地方政府的资金扶持。

● 培养良好的心理素质，加强自我认知。理智选择，客观评估自己的能力和水平。

● 提升个人创业技能，储备社会经验。充分了解创业环境，以及相关政策、法律法规。

自我救助

● 创业过程中，如发现上当受骗，应及时向当地公安机关报案，最大限度地挽回损失。

● 要强化法律意识，注意搜集、保存好欺诈方的各种信息，包括地址、电话、收据等，以便提供给有关部门作为证据。

● 创业失败，要积极调整心态，正确面对困难与挫折。

特别提示

《中华人民共和国合同法》

第二百一十三条　租赁合同的内容包括租赁物的名称、数量、用途、租赁期限、租金及其支付期限和方式、租赁物维修等条款。

第二百一十四条　租赁期限不得超过二十年。超过二十年的，超过部分无效。租赁期间届满，当事人可以续订租赁合同，但约定的租赁期限自续订之日起不得超过二十年。

第二百一十五条　租赁期限六个月以上的，应当采用书面形式。当事人未采用书面形式的，视为不定期租赁。

第二百一十六条　出租人应当按照约定将租赁物交付承租人，并在租赁期间保持租赁物符合约定的用途。

第二百二十八条　因第三人主张权利，致使承租人不能对租赁物使用、收益的，承租人可以要求减少租金或者不支付租金。

（二）求职安全

案例导读

即将毕业的大学生小吴想通过网络寻找工作，于是在互联网上公开了个人资料。一段时间后，小吴接到一家公司的电话，称为核实其身份和家庭情况，要求小吴告知其家庭电话号码。小吴觉得用人单位想核实她的真实情况也属正常，于是将家庭电话告诉了对方。不久，家中的父亲接到一自称是某医院急救中心的电话，称小吴因交通事故在医院抢救，需汇款30000元到院方指定账户，否则将影响抢救。在与校方、女儿同学多方联系未果的情况下，救女心切的父亲把款项汇到指定账户。几小时后，父亲联系上小吴，才得知这一切竟是个骗局。

知识链接

大学生求职就业陷阱是指招聘单位、其他机构或个人，以提供就业机会为诱饵，采用违法手段，与大学生达成权利与义务不对等的各类就业意向(协议),从而侵害大学生合法权益的现象。

★ 学校和有关就业指导部门应及时、如实向毕业生提供就业信息。

★《中华人民共和国高等教育法》规定:“高等学校应当为毕业生、结业生提供就业指导和服务。”

★ 学校应成立专门机构,安排专门人员对毕业生进行就业指导,及时向毕业生传达有关就业方针、政策、法规,并对学生进行就业指导,引导毕业生根据国家、社会需要,结合个人实际情况择业。

★ 毕业生在就业中享有被推荐权,包括如实推荐、公正推荐、择优推荐。

★ 作为求职方的毕业生(委培生、定向生除外),在就业市场上享有自主选择职业的权利。

★ 毕业生享有平等就业的权利。

★ 在双向选择过程中,毕业生有全面获悉用人单位信息,了解用人单位工作环境、福利待遇、发展前景等情况的权利,用人单位有义务向毕业生和学校如实介绍本单位情况,任何发布虚假招聘信息、对毕业生隐瞒本单位实际情况的做法,都是对毕业生就业权利的漠视和侵犯。

★ 毕业生就业协议一经签订,毕业生、用人单位、学校任何一方不得擅自毁约。

安全预防

● 高校应加强对大学毕业生的就业指导教育。

● 了解国家和地方有关的就业政策、法律规定,增强法律维权意识,预防侵权行为发生,勇敢运用法律武器,维护自身权益。

● 熟悉《中华人民共和国劳动法》,确定双方的权利和义务。

● 合同中要写明保障从业人员劳动安全、防止职业危害的事项。合同中要写明依法为从业人员办理工伤社会保险的事项。避免“生死合同”、“霸王合同”、“暗箱合同”、“双面合同”。

● 识别并防范传销等非法活动。

● 仔细核对招聘信息,谨慎在网上发布求职材料,防止泄露重要的个人信息。

● 注意面试安全，单独外出面试，应告知同学或辅导员，时刻保持高度警惕。

自我救助

在求职期间权益受到损害，可采取以下措施：

● 向公安部门举报涉嫌诈骗的企业或中介。

● 发现传销行为，应当向当地的工商行政管理机关和公安机关举报。

● 学会保全证据。和用人单位签订的《劳动合同书》及其他协议都是重要证据。

● 在就业过程中要敢于和善于运用法律武器来维护自己的正当权益。毕业生有权向用人单位的上级主管部门提出申诉，也可提交给当地的劳动争议仲裁机构进行调解和仲裁，或直接向人民法院提起诉讼。

特别提示

《中华人民共和国劳动合同法》

第十七条　劳动合同应具备以下条款：

(1)用人单位的名称、住所和法定代表人或者主要负责人；

(2)劳动者的姓名、住址和居民身份证或其他有效身份证件号码；

(3)劳动合同期限；

(4)工作内容和工作地点；

(5)工作时间和休息休假；

(6)劳动报酬；

(7)社会保险；

(8)劳动保护、劳动条件和职业危害防护；

(9)法律、法规规定应当纳入劳动合同的其他事项。

签订劳动合同要注意：

(1)期限的约定；

(2)另行约定事项的明确；

(3)劳动合同要及时送劳务部门鉴证并交人才中心入档；

(4)将劳动合同文本复印件交一份至学校就业办公室存档，以代替就业协议书。

《全国普通高等学校毕业生就业协议书》

教育部高校学生司制作的《全国普通高等学校毕业生就业协议书》，简称为“三方协议”，是由毕业生、用人单位和学校三方之间就学生就业意向签订的一种协议，由三方共同签署后生效。其内容包括以下五个部分：

(1)用人单位的情况及意见；

(2)毕业生的情况及意见；

(3)学校意见；

(4)备注；

(5)规定条款。

违约责任：

(1)用人单位违约：追究违约责任；申诉；仲裁；法院起诉。

(2)毕业生个人违约：承担违约责任并履行以下手续：要征得原用人单位同意，并出示原单位向学校开具的退函。

(3)违约调整要符合国家就业政策导向。

(4)学校审核同意毕业生个人违约后，毕业生提供新单位的接收函，重新办理相关手续。

注：就业协议不等同于劳动合同，在就业中处于弱势地位的大学生，千万不能因为签订了就业协议就忽视了劳动合同的签订，否则，万一发生事故或其他劳动纠纷，就很难得到全面保护。

(三)勤工俭学安全

案例导读

某高校市场营销专业的陈某等3名学生，假期在某公司做产品促销员，原定是底薪500元，外加销售业绩提成。但在工作将满1个月的时候，公司以表现不合格为由将3人辞退，工资分文未发。

知识链接

勤工俭学中常见的安全问题：

★ 不法中介诈骗。不法中介机构利用大学生求职心切、维权意识淡薄、社会阅历浅等特点欺骗大学生，收取工作介绍费，预先缴纳押金、建档费或其他费用，甚至威胁其人身安全，后又以各种理由将他们辞退或突然消失。

★ 工伤事故风险。大学生勤工俭学往往不签订合同或合同中约定不明，目前法律、法规、条例对学生勤工俭学受伤的责任分担及赔付标准都没有作出明确规定。如勤工俭学时学生受伤，因权责不明，用人单位可能会推卸责任。

★ 工作环境与待遇安全。勤工俭学中恶意拖欠、克扣工资，随意收取押金，违规扣押证件，随意降低待遇水平，随意延长劳动时间等现象时有发生。

安全预防

● 学校应对学生进行勤工俭学安全教育，向他们普及劳动权益法律知识，增强学生的法制观念、维权意识。

● 防止中介诈骗，确认招聘单位的合法性，注重对招聘单位主体资格的

识别，尽量通过学校勤工俭学中心等正规渠道寻找兼职工作。

● 参加勤工俭学活动要提高自我保护意识，维护自身权益，注意签订劳动合同或劳动协议。

● 不轻易缴纳任何押金、报名费、介绍费等费用，不抵押任何证件。

● 不到高危场所工作，不做涉嫌违法或违反道德风尚的工作。

● 参加校外勤工俭学活动尽量与同学结伴而行，并告知其他同学、家长或学校，与他们保持联系。

自我救助

在勤工俭学活动中，如果发现权益受损，应立即采取以下措施自救：

● 及时通报家长、学校老师或同学，或与学校勤工俭学中心联系，寻求帮助。

● 雇佣劳动方有侵权、违约、强迫打工者从事违法行为时，应立即向有关部门反映，紧急情况下可拨打 110 报警电话。

● 发现上当受骗时，应及时向人社局监察大队、工商局等劳动主管部门或公安局报案，也可向新闻媒体予以披露。

● 遇劳动纠纷，如拖欠工资、随意克扣工资、超时加班等，应向当地劳动仲裁部门申诉。

特别提示

《关于贯彻执行〈中华人民共和国劳动法〉若干问题的意见》

第二十四条　用人单位在与劳动者订立劳动合同时，不得以任何形式向劳动者收取定金、保证金（物）或抵押金。

《中华人民共和国劳动争议调解仲裁法》

第二条　中华人民共和国境内的用人单位与劳动者发生的下列劳动争议，适用本法：

（一）因确认劳动关系发生的争议；

（二）因订立、履行、变更、解除和终止劳动合同发生的争议；

（三）因除名、辞退和辞职、离职发生的争议；

（四）因工作时间、休息休假、社会保险、福利、培训以及劳动保护发生的争议；

（五）因劳动报酬、工伤医疗费、经济补偿或者赔偿金等发生的争议；

（六）法律、法规规定的其他劳动争议。

第九条　用人单位违反国家规定，拖欠或者未足额支付劳动报酬，或者拖欠工伤医疗费、经济补偿或者赔偿金的，劳动者可以向劳动行政部门投诉，劳动行政部门应当依法处理。

三、大型活动安全

（一）室内大型活动安全

案例导读

某高校在体育馆举行元旦晚会，晚会现场搭建了大型支架，但因工作人员疏忽，部分接头未固定牢靠，导致活动进行时，因人群扶靠，支架散架，砸伤几名同学，并拉断了电线，致使晚会现场停电，造成现场秩序大乱。多名同学因拥挤、踩踏受伤。

知识链接

大型活动是指由学校各个团体组织承办，在学校广场、道路、体育场（馆）、教室等公共场所举办的人数较多、规模较大的下列活动：

★ 大型晚会活动。

★ 各类庆祝、庆典、集会等活动。

★ 招聘会、体育竞赛及各类考试。

各单位在校内外举办各类大型活动，应向相关管理部门及辖区公安部门提出申请，明确提出活动的目的、内容、任务、要求、名称、主办和协办单位、规模、形式、出席范围、时间、地点、参加人数、安全措施和负责人姓名等内容。

举办大型活动要严格按照学校的规章制度，未经许可，不得私自组织未经许可承办的大型活动。

安全预防

● 开展活动前先应向各相关部门了解相应的规章制度，组织者应增强责任意识，确保活动每一环节无误。

● 开展大型室内活动，要提前做好线路检修、消防疏散等准备工作。

● 未经批准，不得擅自组织开展大型活动。

● 遇到问题和困难，可向老师或者相关部门负责人求助。

● 应坚持“安全第一、预防为主”的方针，按照“谁举办谁负责”的原则，由主办者对安全工作全面负责。

● 若晚上开展大型室内活动，须有足够的照明设备及停电应急措施。

自我救助

● 活动开始前，如发现安全隐患，要及时排除，如果无法自行解决，应向相关专业人士寻求帮助。

● 如果发现活动组织者的一些违规行为，应及时制止或向有关部门举报。

● 进入室内活动场所，要了解应急通道、消防器材等位置。

特别提示

《大型群众性活动安全管理条例》

第五条　大型群众性活动的承办者（以下简称“承办者”）对其承办活动的安全负责，承办者的主要负责人为大型群众性活动的安全责任人。

第六条　举办大型群众性活动，承办者应当制定大型群众性活动安全工作方案。

大型群众性活动安全工作方案包括下列内容：

（一）活动的时间、地点、内容及组织方式；

（二）安全工作人员的数量、任务分配和识别标志；

（三）活动场所消防安全措施；

（四）活动场所可容纳的人员数量以及活动预计参加人数；

（五）治安缓冲区域的设定及其标识；

（六）入场人员的票证查验和安全检查措施；

(七)现场秩序维护、人员疏导措施。

(二)室外大型活动安全

案例导读

2014 年某校的运动会看台上,现场气氛热烈,伴随着欢呼声,“人浪”从看台的一端涌到另一端。突然某系看台最后一排同学向前跌倒,扑倒了前排同学,造成踩踏事件,多人受伤,运动会也被紧急叫停。

知识链接

大型活动场所应当具备下列治安安全条件:

★ 消防安全符合规定要求。

★ 备有应急照明装置,出入口通道畅通,在醒目位置张贴安全须知。

★ 容纳的人员不得超过核定人数。

★ 根据安全保卫需要,建立活动场所的治安保卫制度,落实各项措施。

★ 法律、法规规定的其他治安安全条件。

活动举行前,保卫部门应对现场进行安全检查。活动期间,保卫部门应指派专人进行监督指导,协助主(承)办单位落实好安全保卫措施,保证活动安全进行。不符合要求的场所不得举办大型活动。

安全预防

● 学校相关部门应实地考察,确保大型活动的场地、设施符合安全要求,是否存在安全隐患,是否能够容纳相应人数。

● 大型户外活动如影响道路交通,须提前向交警部门报备,并获准同意。

● 严禁携带管制刀具和易燃、易爆、剧毒等违禁物品进入活动现场,自觉听从管理人员指挥,遵守社会公德,爱护公共财物,不进行打架斗殴等违法活动。

● 大型活动现场，须安排人员维持现场秩序，必要时须配备专职保安等专业安全工作人员，组织实施现场安全工作，开展安全检查，发现安全隐患及时排除。

自我救助

● 活动过程中发生危险，应保持沉着冷静，然后向活动组织者或安保人员寻求帮助。

● 事先了解自己周边环境，以确保意外发生时，迅速正确掌握逃生路线。

● 即使在活动高潮，同学们热情高涨时，也要保持冷静，避免起哄、集体打闹状况的出现。

● 活动进行时，不要擅自触碰活动器材，不要破坏公共财物，不要干涉工作人员的正常工作。

特别提示

《大型群众性活动安全管理条例》

第七条　承办者具体负责下列安全事项：

（一）落实大型群众性活动安全工作方案和安全责任制度，明确安全措施、安全工作人员岗位职责，开展大型群众性活动安全宣传教育；

（二）保障临时搭建的设施、建筑物的安全，消除安全隐患；

（三）按照负责许可的公安机关的要求，配备必要的安全检查设备，对参加大型群众性活动的人员进行安全检查，对拒不接受安全检查的，承办者有权拒绝其进入；

（四）按照核准的活动场所容纳人员数量、划定的区域发放或者出售门票；

（五）落实医疗救护、灭火、应急疏散等应急救援措施并组织演练；

（六）对妨碍大型群众性活动安全的行为及时予以制止，发现违法犯罪行为及时向公安机关报告；

（七）配备与大型群众性活动安全工作需要相适应的专业保安人员以及其他安全工作人员；

（八）为大型群众性活动的安全工作提供必要的保障。

第七章 交通安全

交通是人们参与社会生活一个极其重要的方面，它的发展变化直接影响着社会文明的进程。人们在享受交通带来的出行便利的同时，也不得不面对日益增多的交通事故。交通安全是指不发生交通事故或少发生交通事故的主观条件。大学生交通安全是指大学生在校园内和校园外的道路行走、乘坐交通工具时的人身安全。

一、常见交通事故及其特点

（一）校园内易发的交通事故

案例导读

某高校大一年级的李同学下课前往食堂就餐，途中低头玩手机横穿马路，不幸被正在行驶的小汽车撞伤，李同学腿部严重受伤，因抢救及时，没有造成生命危险，但仍需治疗养伤。

知识链接

一些大学生缺乏社会生活经验，交通安全意识比较淡薄。有的同学对校园骑车安全存在错误的思想认识，从而导致交通事故的发生。

校园内发生交通事故主要有以下几种形式：

★ 注意力不集中。这是最主要的形式，表现为在走路时边走路边看书边听音乐，或者左顾右盼、心不在焉。

★ 在路上进行球类活动。大学生精力旺盛、活泼好动，即使在路上行走也是蹦蹦跳跳、嬉戏打闹，甚至在路上进行球类活动，这增加了发生事故的危险。

★ 骑“飞车”。一般高校校园面积都比较大，宿舍与教室、图书馆等之间的距离比较远，所以课间或下课时骑自行车在人海中穿行就成了大学的一道风景线。但一些学生仗着骑车技术“高超”，竟然骑起了“飞车”，从而埋下祸根。

安全预防

● 在校内行走应遵循置右原则，如在设有人行道的路段行走应坚持走人行道内。

● 不得在道路上嬉戏、踢球，更不得和过往车辆抢道。

● 骑自行车应在道路右侧靠边慢行，不得撒手骑车，不得扶肩并行，不得骑“飞车”；转弯时应减速观望，并伸手示意。

自我救助

● 如发生交通事故，要报告学校保卫部门，由保卫部门来调解处理。

● 不要移动伤者和车辆，要保护好现场，以便确认事故责任。确实要移动的，也要做好详细标记。

特别提示

《中华人民共和国道路交通管理条例》

第五十八条　自行车、三轮车的驾驶人必须遵守下列规定：

（一）转弯前须减速慢行，向后观望，伸手示意，不准突然猛拐；

（二）超越前车时，不准妨碍被超车的行驶；

（三）通过陡坡、横穿四条以上机动车道或途中车闸失效时，须下车推行。下车前须伸手上下摆动示意，不准妨碍后面车辆行驶；

（四）不准双手离把、攀扶其他车辆或手中持物；

（五）不准牵引车辆或被其他车辆牵引；

（六）不准扶身并行、互相追逐或曲折竞驶；

（七）大中城市市区不准骑自行车带人。

《条例》还规定了与骑自行车有关的一些内容，如：“车辆、行人必须各行其道”，“在划分机动车道和非机动车道的道路上……非机动车、残疾人专用车在非机动车道行驶”，“在没有划分中心线和机动车道与非机动车道的道路上，机动车在中间行驶，非机动车靠右边行驶”。在通过没有交通信号或交通标志控制的交叉道口时，“支路车让干路车先行”；“支、干道不分的，非机动车让机动车先行”。

（二）校园外常见的交通事故

案例导读

某高校一对情侣乘坐一辆“黑出租”外出。车开出没多久，迎面开来了一辆速度很快的工程车。“黑出租”司机慌了神，为了避让，猛打方向盘，由于速度太快，虽然避开了工程车，但因惯性“黑出租”侧翻，“黑出租”驾驶员、女性同学当场死亡，男性同学脑部重伤。

知识链接

校园外发生交通事故主要有以下几种形式：

★ 行走时发生交通事故。大学生到市区购物、观光、访友，市区车流量大，行人多，各种交通标志让人眼花缭乱，交通状况比校园复杂得多，若缺乏通行经验，发生交通事故的概率很高。

★ 乘坐交通工具时发生交通事故。大学生离校、返校，外出旅游、参加社会实践，寻找工作等都要乘坐各种长途或短途的交通工具。大学生因乘坐交通工具发生交通事故的情况时有发生，有时甚至造成群体性伤亡。

★ 乘坐非法交通工具发生交通事故。非法营运车辆的驾驶员未经过从业资格培训，交通安全意识淡薄，不具备驾驶营运车辆的基本条件，再加上为了经济利益，超速、超员、超载及违反交通法规现象普遍，安全隐患极大。

安全预防

● 在道路上行走，应走人行道，无人行道时靠右边行走。走路时要集中精力，“眼观六路，耳听八方”；不与机动车抢道，不突然横穿马路、翻越护栏，过街走人行横道；不闯红灯，不进入标有“禁止行人通行”、“危险”等标志的地方。

● 乘坐公共汽车、电车和长途汽车须在站台或指定地点依次候车，待车停稳后，先下后上；在道路上搭乘机动车，应当从车身右侧上车；不得强行上下或者攀爬行驶中的车辆。开关车门不得妨碍其他机动车和行人通行；车辆行驶中，不得干扰驾驶，不得将身体任何部位伸出车外，不得跳车。

● 树立交通参与者的主人翁精神，珍爱自己生命，拒绝乘坐非法营运车辆。在乘车过程中，如发现该车不符合安全条件、不具备载客的标准或者驾驶员无证驾驶、酒后驾驶、疲劳驾驶、超载等，要尽快离开该车，并及时向当地交通执法大队举报。

● 乘坐火车、轮船、飞机时必须遵守车站、码头和机场的各项安全管理规定。

自我救助

● 一旦发生交通事故，要保护好自己，看自己有无受伤。如果有伤要立即拦车、打的到附近医院救治。同一起事故中有多人受伤，自己属于伤轻的，要帮助别人；自己属于伤重的，要求助别人，共同脱离危险。

● 及时向公安机关报案，千万不能与肇事者“私了”。若在校外发生交通事故除及时报案外，还应该及时与学校取得联系，由学校帮助处理有关事宜。

● 发生交通事故后要保护好事故现场。

● 若肇事者想逃脱，一定要设法予以控制，自己不能控制的，可以发动周围的人帮忙控制，若实在无法控制也要记住肇事车辆的车牌号码或车辆特征。

特别提示

《中华人民共和国道路交通管理条例》

第六十五条 乘车人必须遵守下列规定：

（一）乘坐公共汽车、电车和长途汽车须在站台或指定地点依次候车，待车停稳后，先下后上；

（二）不准在车行道上招呼出租汽车；

（三）不准携带易燃、易爆等危险品乘坐公共汽车、电车、出租车和长途汽车；

（四）机动车行驶中，不准将身体任何部分伸出车外，不准跳车；

（五）乘坐货运机动车时，不准站立，不准坐在车厢栏板上。

有下列情况不应乘车，以免发生危险：

（一）发现车辆破损，声音异常时；发现驾驶员精神状态不佳、酒后驾车时；发现车辆不正常运行、客货混载、违章超载时；发现客车有其他违反操作规程时；

（二）恶劣天气如大风、大雨、大雾、大雪，不坐汽车长途跋涉；

（三）病中无人陪伴不要乘车。

二、交通事故的处理

（一）道路交通事故处理程序

案例导读

李某，南昌某大学四年级学生。2009年9月，匡某驾驶小型普通客车搭载李某等5人去县城，途中匡某将车辆开出路外，导致包括李某在内的2人死亡、4人受伤的重大交通事故。

知识链接

《道路交通事故处理程序规定》对自行协商和简易程序作出如下规定：

第十三条　机动车与机动车、机动车与非机动车发生财产损失事故，当事人对事实及成因无争议的，可以自行协商处理损害赔偿事宜。车辆可以移动的，当事人应当在确保安全的原则下对现场拍照或者标划事故车辆现场位置后，立即撤离现场，将车辆移至不妨碍交通的地点，再进行协商。

非机动车与非机动车或者行人发生财产损失事故，基本事实及成因清楚的，当事人应当先撤离现场，再协商处理损害赔偿事宜。

对应当自行撤离现场而未撤离的，交通警察应当责令当事人撤离现场；造成交通堵塞的，对驾驶人处以200元罚款；驾驶人有其他道路交通安全违法行为的，依法一并处罚。

第十四条　具有本规定第十三条规定情形，当事人自行协商达成协议的，填写道路交通事故损害赔偿协议书，并共同签名。损害赔偿协议书内容包括事故发生的时间、地点、天气、当事人姓名、机动车驾驶证号、联系方式、机动车种类和号牌、保险凭证号、事故形态、碰撞部位、赔偿责任等内容。

第十六条　交通警察适用简易程序处理道路交通事故时，应当在固定现场证据后，责令当事人撤离现场，恢复交通。拒不撤离现场的，予以强制撤离。

第十七条　当事人共同请求调解的，交通警察应当当场进行调解，并在道路交通事故认定书上记录调解结果，由当事人签名，交付当事人。

第十八条　有下列情形之一的，不适用调解，交通警察可以在道路交通事故认定书上载明有关情况后，将道路交通事故认定书交付当事人：

（一）当事人对道路交通事故认定有异议的；

（二）当事人拒绝在道路交通事故认定书上签名的；

（三）当事人不同意调解的。

特别提示

根据有关规定，如果在校园内发生交通事故，公安机关交通管理部门接到报案的，参照《中华人民共和国道路交通安全法》等法律、法规的有关规定办理。

● 比照道路交通事故案进行调查、取证。

● 进行事故认定。对非道路交通事故，应进行责任认定，形成公安机关的调查结论，对事故进行成因分析，并告知当事人。

● 对当事人的处罚不能适用交通管理法律、法规。

● 损害赔偿。对于损害赔偿事宜，事故双方当事人可协商解决，也可在公安交通管理部门的主持下进行调解，或者向法院提起诉讼，损害赔偿应当按照《中华人民共和国民法通则》、《中华人民共和国侵权责任法》的有关规定以及相关司法解释进行处理。

（二）交通事故当事人的权利和义务

案例导读

穆某是某大型公司的老板，报名参加了某大学的一个高级培训班。在校园内倒车时，没有注意到从宿舍出来的蒋某，将其撞伤。穆某见蒋某伤势不重，就想驾车离去。穆某的做法引起了其他学生的不满，他们拦住穆某的车子并报了警，要求其道歉并将蒋某送到医院救治。警察赶到，对穆某进行了批评教育，穆某认识到自己的错误向同学们道歉，并将蒋某送往附近医院进行治疗。

知识链接

1. 交通事故当事人的义务

★ 发生交通事故后，当事人须立即停车，保护现场，抢救伤员和财产（必须移动的，应当标明位置），并迅速报告公安机关或执勤的交通警察，听候处理。

★ 发生仅造成车物损失或人员轻微受伤的交通事故，当事人应当填写交通事故发生的时间、地点、天气、当事人姓名、机动车驾驶证号、联系方式、机动车牌号、保险凭证号、事故形态、碰撞部位、赔偿责任等内容的协议书或者文字记录，共同签名后可撤离现场，后协商赔偿数额和赔偿方式。

★ 当事人应按交警勘查人员的要求，在交通事故现场勘查图上签字，并如实向公安机关陈述事故经过，积极配合公安交警办案人员的调查、取证工作，不得隐瞒事故真实情况。

★ 交通事故造成人身伤害需要抢救治疗的，当事人及其所属单位或机动车所有人应当预付医疗费，也可以由公安机关指定的一方预付；机动车方当事人应预付非机动车、行人方人员死亡的丧葬费。

★ 交通事故责任者应按所负交通事故责任承担损害赔偿责任。承担损害赔偿责任的机动车驾驶员暂时无力赔偿的，由机动车所有人负责垫付。

★ 交通事故当事人属流动人口或境外人员，在事故处理期间要求暂时离开事故发生地的，应当在事故发生地寻找担保人或交纳事故责任保证金后方准离开。

★ 交通事故当事人应按时参加调解，因故不能按时参加调解的，须事先通知办案人员，请求变更调解时间；无正当理由不到场或调解中途退场的，计为调解一次。

★ 交通事故当事人委托代理人参加调解的，须提交委托人签名或盖章的授权委托书。

★ 在损害赔偿调解中，当事人对自己的要求应当提供有效证据。

★ 受害人指认肇事嫌疑车辆或嫌疑人的，应当提供证据。

2. 交通事故当事人的权利

★ 当事人对交通事故责任认定不服的，可以在接到交通事故责任认定书后十五日内，向支队法制科申请重新认定。

★ 当事人对行政处罚不服的，可以在接到处罚裁决书后六十日内，向支队法制科申请复议；也可以在接到复议决定书后十五日内向人民法院提起行政诉讼。对吊销驾驶证处罚的，当事人可以要求听证。

★ 当事人因事故致伤残的，在治疗终结后十五日内，可以向公安机关申请伤残评定；当事人对伤残评定不服的，可以在接到伤残评定书后十五日内，向支队交宣处事故科申请伤残重新评定。

★ 当事人对车物损失价格鉴定结论不服或有异议的，可以在收到道路交通事故损失鉴定书后五日内，向支队交宣处事故科申请重新鉴定。

★ 案情简单、因果关系明确的轻微和一般事故，当事人可以要求按简易程序处理。

★ 交通事故损害赔偿经调解达不成协议或者达成协议后其中一方不履行的，当事人可以向人民法院提起民事诉讼。

特别提示

发生交通事故，有下列情形之一的，当事人应当保护现场并立即报警：

- 机动车无号牌、无检验合格标志、无保险标志的。
- 驾驶人无有效机动车驾驶证的。
- 驾驶人饮酒、服用国家管制的精神药品或者麻醉药品的。
- 发生仅造成车物损失或人员轻微受伤的交通事故，当事人对事实或者成因有争议的。
- 当事人不能自行移动车辆的。
- 碰撞建筑物、公共设施或者其他设施的。
- 造成人员死亡、重伤、轻伤的。
- 财产损失较大的。

三、交通安全常识

(一)驾驶非机动车的安全知识

案例导读

2009年,某高校学生张某因起床时已快到上课时间,起床后就匆匆下楼,骑上自行车飞快向教室奔去。当他骑到一个下坡向右转弯的路段时,迎面来了一辆小轿车,因车速太快避让不及,连人带车掉进路旁水沟里,致使右胳膊骨折,自行车摔坏。

知识链接

非机动车驾驶人员应该自觉遵守道路交通管理法规,坚持骑车"十要十不要",养成良好的骑车习惯:

骑车"十要":

★ 要熟悉和遵守道路交通管理规定。

★ 要横过道路时,须下车推行。

★ 要了解车辆性能,做到车辆的车闸、车铃等齐全有效。

★ 要在规定的非机动车道内骑车。

★ 要依次行驶,按规定让行。

★ 要集中精神,谨慎骑车。

★ 要转弯前减速慢行,向后观望,伸手示意。

★ 要按规定停放车辆。

★ 要听从交警指挥,服从管理。

★ 要掌握不同天气的骑车特点,做到:"顺风不骑快车,逆风不低头猛踏,雾天控制车速,雨天注意路滑。"

骑车"十不要":

★ 不要闯红灯。

★ 不要在禁行道路、路段或机动车道内骑车。

★ 不要在人行道上骑车。

★ 不要在市区或城镇道路上骑车带人。

★ 不要双手离把、攀扶其他车辆或手中持物。

★ 不要牵引车辆或被其他车辆牵引。

★ 不要扶身并行、互相追逐或曲折竞驶。

★ 不要争道抢行，急转猛拐。

★ 不要酒后驾车。

★ 不要擅自在非机动车上加装动力装置。

特别提示

《最新道路交通实施条例(2015年)》

第六十八条　非机动车通过有交通信号灯控制的交叉路口，应当按照下列规定通行：

(一)转弯的非机动车让直行的车辆、行人优先通行；

(二)遇有前方路口交通阻塞时，不得进入路口；

(三)向左转弯时，靠路口中心点的右侧转弯；

(四)遇有停止信号时，应当依次停在路口停止线以外。没有停止线的，停在路口以外；

(五)向右转弯遇有同方向前车正在等候放行信号时，在本车道内能够转弯的，可以通行；不能转弯的，依次等候。

第六十九条　非机动车通过没有交通信号灯控制也没有交通警察指挥的交叉路口，除应当遵守第六十八条第(一)项、第(二)项和第(三)项的规定外，还应当遵守下列规定：

(一)有交通标志、标线控制的，让优先通行的一方先行；

(二)没有交通标志、标线控制的，在路口外慢行或者停车瞭望，让右方道路的来车先行；

(三)相对方向行驶的右转弯的非机动车让左转弯的车辆先行。

第七十条　驾驶自行车、电动自行车、三轮车在路段上横过机动车道，应当下车推行，有人行横道或者行人过街设施的，应当从人行横道或者行人过街设施通过；没有人行横道、没有行人过街设施或者不便使用行人过街设施的，在确认安全后直行通过。

因非机动车道被占用无法在本车道内行驶的非机动车，可以在受阻的路段借用相邻的机动车道行驶，并在驶过被占用路段后迅速驶回非机动车道。机动车遇此情况应当减速让行。

(二)走路的安全常识

案例导读

某高校学生小王，欲到马路对面的超市购物，为抄近路，不走不远处的人行过街天桥而翻越路中央的隔离栏，一辆飞驰的轿车见有人横穿马路，便紧急刹车，由于雨天路滑，导致轿车偏向，撞上小王和隔离栏，把小王撞飞三十多米，小王在送往医院的路上停止了呼吸。

知识链接

行人应当掌握行人交通安全特点，自觉遵守道路交通管理法规，增强自我保护和现代交通意识，防止发生交通事故。

★ 行人要走人行道，没有人行道的靠路边行走。有交通信号控制的人行横道，应做到红灯停、绿灯走。

★ 没有交通信号控制时，须注意车辆，不要追逐猛跑。

★ 有人行过街天桥或地道的，须走人行过街天桥或地道。

★ 横过没有人行横道的车行道，须看清情况，让车辆先行，不要在车辆临近时突然横穿。

★ 横过没有人行横道的道路时须直行通过，不要图方便、走捷径，或乱穿马路。

★ 不要在道路上强行拦车、追车、扒车或抛物击车。

★ 不要在道路上玩耍、坐卧或进行其他妨碍交通的行为。

★ 不要钻越、跨越人行护栏或道路隔离设施。

★ 不要进入高速公路、高架道路或者有人行隔离设施的机动车专用道。

特别提示

《中华人民共和国道路交通安全法》

第六十一条　行人应当在人行道内行走，没有人行道的靠路边行走。

第六十二条　行人通过路口或者横过道路，应当走人行横道或者过街设施；通过有交通信号灯的人行横道，应当按照交通信号灯指示通行；通过没有交通信号灯、人行横道的路口，或者在没有过街设施的路段横过道路，应当在确认安全后通过。

第六十三条　行人不得跨越、倚坐道路隔离设施，不得扒车、强行拦车或者实施妨碍道路交通安全的其他行为。

第六十五条　行人通过铁路道口时，应当按照交通信号或者管理人员的指挥通行；没有交通信号和管理人员的，应当在确认无火车驶临后，迅速通过。

(三)乘车的安全常识

案例导读

某高校新校区程同学乘坐公交车前往老校区办事，途中公交车遇紧急情况制动刹车，由于车上人多拥挤，该同学没能站稳扶牢，导致脚踝骨骨折。

知识链接

在乘坐各类交通工具（飞机、火车、轮船、汽车等）时，应注意以下几方面：

★ 不准携带易燃、易爆等危险物品。

★ 维护乘车（船）秩序，不争先恐后。汽车行驶途中，不要将头、手伸出车窗外。行驶途中，不要编结毛线。

★ 车（船）未停稳，不要急于上、下车（船）。

★ 乘坐飞机、轮船时，应了解紧急疏散通道(门)的位置，熟悉救生衣的使用方法。

★ 乘坐飞机时，要系好安全带，飞机起降时，不要使用无线电话。

★ 不要站在火车的车辆连接处或坐在船舷栏杆上。

★ 乘坐小客车时，前座乘客应系好安全带。

★ 乘坐二轮摩托车时，必须戴安全头盔，不准倒坐和侧坐。

特别提示

五种车不能坐

● 不坐非司机或驾驶员酒后开的车。非司机，由于交通安全意识淡薄、技术生疏，加之遇紧急情况时处理不得当，极易引发交通事故。驾驶员饮酒后开车，其判断能力降低，使手脚活动迟钝，误操作的可能性增加，也容易酿成祸端。

● 不侧坐二轮、三轮摩托车。《中华人民共和国道路交通管理条例》（以下简称《条例》）第三十三条第（六）项规定："二轮、侧三轮摩托车后座不准附载不满十二岁的儿童。"公安部交通管理局公交管第132号文件规定："对于在摩托车前座附载其他人员的，可按《条例》第八十一条第（七）项'有其他妨碍安全行为'予以处罚。"对于乘坐摩托车的乘客的坐法未作具体规定，根据安全驾驶常识乘客应骑坐，乘坐时，双脚始终要放在脚踏上，行驶中不得离开，不得脚着地，要扶牢把手或腰带。即使摩托车停车时也要保持骑坐，紧贴在驾驶员身后。

● 不坐超速超载、争道抢行的机动车。

● 不坐没有安全乘坐位置的车。《条例》第三十三条第(二)项规定:“货运机动车不准人、货混载。但大型货运汽车在短途运输时,车厢内可以附载押运或装卸人员1～5人,并须留有安全乘坐位置”。第三十三条第(五)项规定:“机动车除驾驶室和车厢外,其他任何部位都不准载人。”《中华人民共和国高速公路交通管理办法》第八条也规定:“货运机动车除驾驶室和车厢核准设有固定的座位外,其他任何部位不准载人。”第六条又规定:“规定安装安全带的车辆,其驾驶员和前排乘坐人必须系安全带。”《条例》第六十五条第(四)项规定:“乘车人在机动车行驶中,不准将身体任何部分伸出车外,不准跳车。”第(五)项规定:“乘车人在乘坐货运机动车时,不准站立,不准坐在车厢栏板上。”

● 不坐车容不整洁的车。《条例》第十九条规定:“机动车必须保持车况良好、车容整洁。”其中“车容整洁”主要是指车辆外观干净,以满足环境卫生的一般要求。

第八章 消防安全

高等学校承担着为未来培养各类高层次人才的战略任务，也是我国的重要科研基地，因此，良好的消防安全环境对于保障师生员工的生命财产安全、确保教学科研工作顺利进行意义重大。但是，目前不少高校的消防安全形势不容乐观。

增强消防安全意识，掌握一些预防火灾、扑救初起火灾、疏散逃生等方面的知识和技能，对于每一位在校大学生来说都是非常必要的。

一、火灾的预防

案例导读

2014年12月30日早晨，陕西某学院一女生宿舍突发大火。事发时该楼内居住着上千名学生，学校组织人员紧急疏散，消防队员也第一时间赶到现场施救。经过扑救，大火最终被扑灭。事后调查发现，起火原因竟是起火宿舍一女生前晚手机充电后，没有将充电器从电源板上拔下，学校从早晨6点开始供电，电线出现短路，从而引起火灾。

知识链接

高等学校的消防工作应贯彻预防为主、防消结合的方针。对于学校而言，应该落实安全责任制，加强消防安全管理，定期组织各种形式的消防安全教育与培训，提高大学生的安全意识。同时，配备消防设施和器材，组织定期和日常检查，将各种火灾隐患消除在萌芽状态。对于每位大学生来说，在意识上应该有安全第一的观念，在行动上自觉遵守学校的安全管理规定，不违规使用电器，培养正确使用电器的习惯，防患于未然。

高校常见的火灾隐患：

★ 建筑结构不合理，消防通道曲折、隐蔽，不利于事故发生时人员的疏散。

★ 火灾报警系统、自动喷淋系统等消防设施失效，消防器材被遮挡、挪用、损坏或灭火器过期、消火栓无水、应急照明灯和疏散指示牌不工作、消防通道阻塞等。

★ 线路老化，使用大功率电器，私拉、乱拉电线，人走不断电，使用明火等。消防部门统计表明，因电器使用不当而引发的火灾在所有高校火灾事故中占最大比例。

★ 火源、热源、电源距可燃物较近，或易燃易爆物品与助燃剂未充分隔离。

★ 缺少消防宣传管理措施，人员缺乏安全意识与自救技能，或易燃易爆危险化学品的操作人员未经专门培训上岗。

★ 消防控制室无专人值班，或值班人员未经专业培训，无规范的消防值班记录。

安全预防

● 积极参与各类消防培训、演练活动，培养实践能力，提高安全意识，学会识别安全标识，熟悉安全通道，掌握必要的隐患识别与自救知识。

● 遵守学校的消防安全管理规定，不在宿舍等公共场所违规用电、点蜡

烛、吸烟等，消除各种引火源。

● 生活中尽量采用不燃或难燃材料，有意识地少用可燃物品，加强可燃物的安全管理，不带易燃易爆危险品进入宿舍等场所。

● 接触易燃易爆的危险化学品前需要经过专业培训，熟悉其安全特性，严格遵守操作规程，佩戴必要的个人防护装备。没有经过培训，不得上岗操作。

● 自觉维护消防设施，不可以挤占、遮挡、移除、损坏消防器材，要保持疏散通道、消防车通道畅通。

自我救助

● 一旦发现紧急火灾隐患，应迅速通知人员撤离现场，并立即通知消防管理部门进行后续处理。

● 在确保自身安全的情况下，应及时采取有效措施将火灾隐患消除在萌芽状态，如切断电源、消除引火源、移除可燃物、隔离助燃剂等。

● 劝阻消防违章人员，制止各种违章行为。

二、火灾的扑救

案例导读

2012 年 10 月 24 日，某大学化工学院学生戴某在做实验时，不慎将易燃的二硫化碳溶剂溅落到旁边正在加热的电磁炉上，迅速起火燃烧。事故发生后，戴某立刻脱下实验服盖住火焰，旁边的学生立即分工，切断电源、使用灭火器灭火，并拨打火警电话、通知实验室负责人。因扑救及时，事故没有造成任何人员伤亡。

知识链接

1. 如何正确报火警

★ 说明着火单位的具体地址、着火建筑的结构情况。

★ 讲清楚是什么物质着火、火势大小及蔓延情况如何。

★ 留下报警人姓名、电话等联系方式。

★ 尽量派专人引导消防车到达事故现场。

2. 扑救初起火灾的一般程序

★ 情况不妙,控制为先:对于不能立即扑灭的火灾,在确保自身安全的情况下,应首先控制火势蔓延。如关闭易燃气体阀门、切断电源、堵塞漏洞、开辟隔离带等。

★ 优先救人,其次救火:当发现有人员被困时,应先设法救援被困人员,绝不能因为救火而贻误救人的时机。

★ 分工协作,听从指挥:发生火灾时,应听从志愿消防队员的指挥,报警、疏散、扑救,分工协作,密切配合,避免因人为失误而造成额外的损失。

3. 正确掌握扑灭初起火灾的方法

初起火灾的扑救方法有隔离法、窒息法、冷却法和抑制法四种。

★ 冷却法:用水进行冷却灭火,是扑灭火灾常用的方法。一般物质起火,都可以用水来冷却灭火。还可用水冷却建筑构件、生产装置或容器等,防止其受热变形或爆炸。

★ 窒息法:适用于扑救封闭式的空间、生产设备装置及容器内的火灾,如用二氧化碳灭火器灭火就应遵循这一原理。

★ 隔离法:是常用的灭火方法。用灭火剂把可燃物同空气和热隔离,如用泡沫灭火器灭火产生的泡沫覆盖于燃烧液体或固体的表面,在起冷却作用的同时,把可燃物与火焰和空气隔开,都属于隔离灭火法。紧急情况下,如宿舍门口起火阻碍人员撤离时,被困人员应迅速将身边的衣服、被褥、书籍等可燃物扔出窗外,可以有效隔离火势,控制火势蔓延,争取到宝贵的救援时间。

★ 抑制法:使用灭火器干扰和抑制燃烧的链式反应,使燃烧过程中产生的游离基消失,形成稳定分子或低活性的游离基,从而达到灭火的作用。

安全预防

学校方面:

●树立大局意识、责任意识、安全第一意识,高度重视校园消防安全工作,不断健全完善相关规章制度,做到人员到位、制度到位、责任到位,把消防安全管理工作提到学校工作的重要位置。

●要对消防设备进行定期检查维修，要对超过使用年限的消防器材定期更换，有条件的学校可以建立校园内的火灾自动报警网络。

●应开设安全教育课程，对学生进行系统的消防安全知识教育。

●学校应利用广播、校园论坛等媒体，宣传消防安全知识，不断提高学生的安全意识。

● 学校应定期进行消防演练活动，提高学生处理火灾事故的能力。

学生方面：

●学习一些简单的消防知识，积极参加学校组织的安全教育活动，掌握常见消防器材的使用方法，掌握初起火灾的扑救知识。

●自觉遵守宿舍安全管理规定，使用危险物品前认真参加岗前培训，熟悉危险物品的操作规程并严格遵守。

●参加各级组织的应急演练活动，了解应急处置程序。

自我救助

●听从指挥，沉着冷静。火灾初起时人容易惊慌失措、惶恐惧怕，继而影响判断，最终导致侥幸、冲动行事。因此火灾初起时要控制情绪，听从志愿消防队员的指挥。

●立即报警。火灾初起时，现场人员应迅速报警，一方面是向119消防指挥中心和学校消防部门报警。另一方面是向周围人员发出火警信号，提醒周围人员组织扑救初起火灾的力量或及时撤离现场。

●先救人，后救火。火灾发生时，现场人员和志愿消防队员必须遵循救人重于救火的原则，稳定被困人员情绪，积极组织人员疏散。在确保人员安全的情况下，分工协作，如有的负责切断电源，有的使用附近的消防器材控制火势蔓延。

●火势蔓延，迅速撤离。火灾初起的几分钟内是扑救火灾的黄金时期，此时火势小，容易被扑灭或控制。随着时间推移，火势蔓延，此时不应恋战，应招呼现场人员及时撤离火灾现场，留待专业消防人员来灭火。

特别提示

正确使用常见的消防器材

1. 干粉灭火器

俗称ABC干粉灭火器，通常为手提式的。这类灭火器的使用方法分三步：

●拉住拉环，拔下保险销。

●避开下风口，距着火点2～3米处，一手握着喷管，一手按压灭火器压把。

●对着火焰根部喷射灭火剂。

2. 二氧化碳灭火器

二氧化碳灭火器的使用方法：

●拔下保险销。

●避开下风口，距着火点2～3米处，一手握着喷管橡胶部分，一手按压灭火器压把。

●对着火焰喷射。

●喷射完成后，人员撤离并封闭火场，防止人员窒息。

3. 室内消火栓

消火栓是十分重要的消防设施，其使用方法：

●打开消火栓门，按下火警按钮(按钮用于报警和启动消防泵)。

●一人接好枪头和水带，奔向着火点，另一人将水带接到阀口。

●逆时针缓慢打开水阀，将水喷向着火点区域。

特别注意：扑救电气火灾时要确定切断电源，以免触电。

三、火灾的疏散逃生

案例导读

2008年11月，上海某高校女生宿舍602房间突发大火。4名未及时撤离的女生退到宿舍阳台，隔壁宿舍的同学设法搭救未果，因火势过大，情急中4人先后从6楼跳下，不幸全部当场死亡。

知识链接

火灾发生时，面对浓烟、毒气和烈焰的围困，能否顺利逃生固然与起火时间、地点，火势大小，建筑物内的消防设施，周围环境等因素有关，还要看被火灾围困的人员，在灾难降临时是否具备逃生自救的本领。

逃生时应注意以下事项：

★ 高楼逃生知识。

当高楼的某一部位发生火灾时，通常广播会通知着火楼层及安全疏散的路线、方法等，不应采取盲目行动。

如果着火点在楼上，则有相对较长的逃生时间，此时应通过安全疏散通道快速撤离。

如果着火点在楼下，则需要冷静分析自己所处的环境。可先尝试下到着火楼层，如果安全通道还能通过，则做好防护，立刻冲下去；如果火势很大，不要幻想强行突破，因为火场中心温度达1000℃以上，将有去无回，应迅速上楼，采取索降、暂时避难、建立隔离带、发求救信号等方式逃生。

★ 如果身上衣服着火，应迅速将衣服脱下，或就地翻滚，将火压灭，如附近有浅水池、池塘等，可迅速跳入水中灭火。

★ 着火时，开门之前，先触摸房门把手。假如感到烫手，就不能打开房门。因为一旦开门，火焰与浓烟势必迎面扑来。此时应关紧迎火的门窗，用水打湿毛巾或布，塞住门缝，或者用水浸湿棉被蒙上门窗。不停用水淋湿房间地板或四壁，以防烟火渗入，然后打开背火的门窗，等待救援人员到达。

安全预防

● 学习逃生知识。积极参加各种消防安全教育以及消防演练活动，掌握常见消防器材的使用方法及疏散逃生的安全知识，增强自救和逃生能力。

● 熟悉周围环境。培养安全意识，注意多观察周围环境和消防标志，做到对所处场所的安全出口、消防通道、消防器材、楼梯、阳台、临时避难所心中有数，规划好紧急情况下的逃生路线。

● 保持通道畅通。发生火灾事故时，走廊、楼梯间等是人员疏散逃生的安全通道，安装有安全出口指示牌、疏散指示牌、应急照明灯等协助逃生的消防器材。这些通道平时不许堆放杂物，必须时刻保持畅通，并定期维护消防器材，确保其始终处于有效状态。楼宇周围的消防车通道严禁停放汽车或堆放其他杂物，以免紧急情况下阻碍消防车通行。

自我救助

● 沉着冷静。面对熊熊大火，只有保持镇静，听从疏散引导人员的指挥，才能辨清着火方位，探明风向，找到消防器材和安全通道，迅速果断地自救和逃生。切忌盲目跟从人流、相互推搡、乱冲乱窜。

● 弯腰蒙鼻。火灾发生时，有毒烟气会迅速扩散，有毒烟气是火场人员顺利逃生的主要威胁。由于热空气的影响，浓烟主要飘浮在空中，贴近地面的空间通常有毒烟气较少，因此逃生时，必须弯腰降低身体高度，并尽量用湿毛巾或衣物捂住口鼻，以避开有毒烟气的侵害。切忌只顾低头乱跑或盲目随从别人，应注意搜寻安全出口标志。

● 莫入电梯。火灾发生时，电梯随时会断电或因高温变形，使人被困。另外，电梯井就像烟囱一样连接各个楼层，易成为火灾蔓延的通道。逃生时，不能乘坐电梯，而应选择相对安全的楼梯通道。

● 不恋财物。身处危险的环境，应尽早离开，不要把逃生时间浪费在穿衣或找寻、搬运贵重物品上。

● 善用器材。当安全通道被火场切断时，应善于利用身边的各种器材逃生。比如使用逃生绳或用床单、窗帘结成绳索逃生；通道火势不大时，利用灭火器、消火栓等器材迅速打通通道逃生；宿舍门口起火时，可选择迅速将棉被、书籍、窗帘等可燃物扔出，建立隔离带，以有效延缓火势蔓延。

● 暂时避难。在无路可逃的情况下，可退回卫生间等有水的地方，或防烟楼梯间、前室、阳台等暂时避难，同时利用电话、电筒或晃动鲜艳的衣物等发出求救信号。避难期间，尽量用水喷淋迎火的门窗及室内的可燃物，争取救援时间。千万不要钻到床底、阁楼、大橱等处避难，因为这些地方不易被救援人员发现，且可燃物多，还容易聚集烟气。

● 不要跳楼。当被困于较高楼层时，不推荐使用跳楼逃生这种方法，而应采用索降、暂时避难、登上天台待援等逃生方式。如果一定要采取跳楼的方法，应注意：只有在楼层不高（一般在四层以下），或者消防员准备好逃生气垫，或者不跳楼就会被烧死的情况下，才选择跳楼逃生。

特别提示

《中华人民共和国消防法》

第二条　消防工作贯彻预防为主、防消结合的方针，按照政府统一领导、部门依法监管、单位全面负责、公民积极参与的原则，实行消防安全责任制，建立健全社会化的消防工作网络。

第五条　任何单位和个人都有维护消防安全、保护消防设施、预防火灾、报告火警的义务。任何单位和成年人都有参加有组织的灭火工作的义务。

第二十八条　任何单位、个人不得损坏、挪用或者擅自拆除、停用消防设施、器材，不得埋压、圈占、遮挡消火栓或者占用防火间距，不得占用、堵塞、封闭疏散通道、安全出口、消防车通道。人员密集场所的门窗不得设置影响逃生和灭火救援的障碍物。

第四十四条　任何人发现火灾都应当立即报警。任何单位、个人都应当无偿为报警提供便利，不得阻拦报警。严禁谎报火警。

（一）人员密集场所发生火灾，该场所的现场工作人员应当立即组织、引导在场人员疏散。

（二）任何单位发生火灾，必须立即组织力量扑救。邻近单位应当给予支援。

（三）消防队接到火警，必须立即赶赴火灾现场，救助遇险人员，排除险情，扑灭火灾。

第六十条　单位违反本法规定，有下列行为之一的，责令改正，处五千元以上五万元以下罚款：

（一）消防设施、器材或者消防安全标志的配置、设置不符合国家标准、行业标准，或者未保持完好有效的。

（二）损坏、挪用或者擅自拆除、停用消防设施、器材的。

（三）占用、堵塞、封闭疏散通道、安全出口或者有其他妨碍安全疏散行为的。

（四）埋压、圈占、遮挡消火栓或者占用防火间距的。

（五）占用、堵塞、封闭消防车通道，妨碍消防车通行的。

（六）人员密集场所在门窗上设置影响逃生和灭火救援的障碍物的。

（七）对火灾隐患经公安机关消防机构通知后不及时采取措施消除的。

个人有前款第（二）项、第（三）项、第（四）项、第（五）项行为之一的，处警告或者五百元以下罚款。

第六十二条　有下列行为之一的，依照《中华人民共和国治安管理处罚法》的规定处罚：

（一）违反有关消防技术标准和管理规定生产、储存、运输、销售、使用、销毁易燃易爆危险品的。

（二）非法携带易燃易爆危险品进入公共场所或者乘坐公共交通工具的。

（三）谎报火警的。

（四）阻碍消防车、消防艇执行任务的。

（五）阻碍公安机关消防机构的工作人员依法执行职务的。

第六十三条　违反本法规定，有下列行为之一的，处警告或者五百元以下罚款；情节严重的，处五日以下拘留：

（一）违反消防安全规定进入生产、储存易燃易爆危险品场所的。

（二）违反规定使用明火作业或者在具有火灾、爆炸危险的场所吸烟、使用明火的。

第六十四条　违反本法规定，有下列行为之一，尚不构成犯罪的，处十日以上十五日以下拘留，可以并处五百元以下罚款；情节较轻的，处警告或者五百元以下罚款：

（一）指使或者强令他人违反消防安全规定，冒险作业的。

（二）过失引起火灾的。

（三）在火灾发生后阻拦报警，或者负有报告职责的人员不及时报警的。

（四）扰乱火灾现场秩序，或者拒不执行火灾现场指挥员指挥，影响灭火救援的。

（五）故意破坏或者伪造火灾现场的。

（六）擅自拆封或者使用被公安机关消防机构查封的场所、部位的。

第九章 网络信息安全

随着信息技术应用的越来越深入，社会经济和人们生活对互联网的依赖越来越大，产生的网络文明和网络安全问题就越突出。如何做到健康文明上网，防范网络侵害，杜绝网络犯罪，正确认识并处理好这些问题，真正利用好互联网资源，对广大大学生获得健康快乐生活、实现学业顺利发展有着重要影响。

一、健康文明上网

（一）预防上网过度伤害身体健康

案例导读

上海的一位大学生在网上连续玩了10个小时游戏后，忽然感到视线模糊、头痛、恶心，最后全身抽搐。被送到医院后，医生诊断其患上"光敏感性癫痫"。该医院癫痫外科诊疗中心对1000多例癫痫患者的临床诊疗统计表明，由长时间使用电脑、观看电视、打游戏机等诱发的癫痫病例屡见不鲜，这部分患者年龄大多集中在20～40岁，约占癫痫患者的1/3。

知识链接

上网过度会严重损害身体健康，其具体表现为：

★ 长时间使用电脑、平板及手机等电子设备，会导致视力下降、眼睛干涩、眼红等。

★ 电脑屏幕产生的静电，会导致面部皮肤吸附大量悬浮的灰尘，使皮肤受到刺激，产生过敏起疹等现象。

★ 重复在键盘上打字或移动鼠标，手腕关节长期、密集、反复和过度活动，易造成腕关节损伤，出现食指或中指疼痛、麻木和拇指肌肉无力感等症状。

★ 电脑前长时间维持不正确坐姿，易出现颈肩腰背痛、电脑低头综合征、电脑眩晕症等问题。

电脑对人体的伤害还表现为一些兼具生理和心理特征的所谓身心疾病，如胃肠道消化不良、植物神经功能紊乱、消化不良、肥胖等。

安全预防

● 控制上网时间和次数，注意劳逸结合，避免长时间连续上网，使用电脑最好 30 分钟就休息一下，可到室外散步，或抬头望天，或向远处眺望，或进行 10～20 次伸颈、扩胸练习。

● 增强自我保健意识，采取必要的预防措施，平时加强体育锻炼。

● 操作时保证坐姿正确，尽可能保持自然端坐座位上，并保持颈部挺直。眼睛与屏幕的距离应在 40～50 厘米，双眼平视或稍微向下注视屏幕。两肩自然下垂，上臂贴近身体，手肘弯曲成 90°，操作键盘或鼠标，应使手腕保持水平。电脑的摆放高度要适度，电脑屏幕中心位置应安装在与操作者胸部同一水平线上，最好使用可以调节高低的椅子。

特别提示

● 合理的膳食有助于防止患上“电脑病”。

● 平时可多饮些茶，茶叶中含有茶多酚等活性物质，有利于吸收与抵抗放射性物质，能有效预防电脑综合征。

(二)防范网络依赖影响心理健康

案例导读

杨同学,山东某大学学生,沉迷于网络游戏,每天都要玩上8个小时的网络游戏。此外,杨同学家庭条件并不是很好,由于沉迷网络游戏,基本的生活费也让他投在了游戏上。由于大部分精力被网络游戏所牵制,不认真上课,课后也不及时复习,大一下学期期末考试,杨同学5门课不及格。

知识链接

常见的网络依赖行为:

★ 大量时间、精力被消耗在网络游戏上,以致影响正常的学业,影响现实的人际交往。

★ 长时间沉迷于与网友聊天,网友代替了现实中的家人、同学或者朋友,网上人际交往代替了现实的人际交往。

★ 每天生活在虚拟的网络世界里,追求虚拟的快乐,网络中的虚拟自我与现实中的自我混淆,不能清楚地辨别真实的自我。

★ 不断在网上结交异性朋友并发展恋爱关系,沉醉于虚拟的、浪漫的网恋,追逐现实中不能实现的恋爱,追求"一夜情"。

★ 长时间观看、下载和交换色情作品,沉迷于网络色情图片、视频和电影。

网络依赖行为可能产生的心理危害:

★ 网络依赖会引发大学生人际情感淡漠,对社会现实产生不认可甚至逃避的心理。

★"网恋"和网络聊天会引发大学生系列感情纠葛,导致各种情感问题。

★ 网络依赖行为会因为网络的虚拟性、隐蔽性诱发大学生双重人格障碍。

★ 严重的网络依赖行为甚至会导致网络成瘾症,使大学生变得孤独、敏感、忧郁、警觉、不服从社会规范,甚至出现精神障碍、自杀等情况。

安全预防

● 客观、冷静地认识、判断自身的网络行为和心理状态，对网络依赖行为保持警醒并对可能存在的网络依赖行为倾向主动予以调整、控制。

● 结合个人实际情况，制定并认真执行明确的日常学习生活计划，保证学习生活的时间，严格控制上网时间。将这些计划与朋友、家人分享，或者以伙伴、团队形式开展则会更有效。

● 以理性务实态度来对待学习、生活中出现的困难和问题，立足于从根本上解决它。积极参加现实生活中的活动，在现实生活中结交朋友，交流感情，增强面对困难、解决问题的信心。

自我救助

如果确实出现无法消除的网络依赖行为，要理性地正视问题，不要自暴自弃或者讳疾忌医，应及时向学校老师、心理咨询专业人员以及父母等报告，获得外部帮助或专业指导。

（三）防止网络语言暴力

案例导读

2007 年 7 月中旬，一篇名为“后妈毒打 6 岁继女”的帖子开始在网络流传，配发的血淋淋图片更是让人触目惊心。在几经各大论坛转帖后，标题被升级为“史上最恶毒的后妈暴打 6 岁女儿”。然而，7 月 20 日，在面对各地媒体采访时，“后妈”却突然跪下，哭求媒体还个公道，称“我真的没有打她，我是很冤枉的……”7 月 24 日上午，当地公安局作出结论：那位后妈没有虐待女童丁香小慧的行为，丁香小慧体表初始伤势是自己跌倒造成。

知识链接

常见的网络语言暴力表现形式：

★ 散播网络谣言，即在网络上对未证实或不属实的网络事件信息进行传播和散布，随着谣言的扩散，尽管没有直接使用暴力式语言，也损害了当事人的名誉并对当事人造成精神伤害，或者影响了涉事组织机构的社会形象并对其正常的经济社会行为秩序造成干扰。

★ 谩骂和攻击性语言，即在网络上对当事人或组织机构发表具有攻击性、煽动性、歧视性和侮辱性的言论，致使他人人格尊严受到侵犯，心理健康遭到损害。

★ 滥用人肉搜索，即通过网络对当事人各种网络上、网络下的非公开信息，进行互动式搜索并在网络上集中予以曝光。人肉搜索本身并无是非对错之分，从某种角度看，它是一种新的舆论监督方式，对传统的舆论监督起到补充作用，但是过度恶意地滥用人肉搜索会带来严重的后果。

★ 过激性网络恶搞，即网民借助已有事件或作品通过网络传播的形式恶意搞笑的行为。网络恶搞颠覆传统，张扬个性，讽刺社会，用一种讥讽、幽默的方式来诠释所谓的传统和经典。网络恶搞本身并无褒贬之分，但是带着不良动机的网络恶搞，往往会超越道德底线和无视法律的存在。

网络语言暴力对个人可能产生的危害：

★ 网络语言暴力针对没有还击之力的当事人个体进行自认为的正义道德审判。行为上通过网络追查并公布、传播当事人的个人信息，同时煽动网民以暴力语言进行群体围攻。在这些事件中，当事人的真实身份、生活细节等个人隐私被公布于众，致使当事人承受的精神压力从虚拟的网络扩大、转移到现实生活，生活秩序被打乱，身心受到严重伤害。

★ 网络语言暴力让人们摆脱现实社会秩序的约束，使人们对网络暴力产生放纵、依赖心理，存在颠覆尚待完善的法治文明的危险。

★ 网上貌似多数人的声音往往只是少数人发出的，他们的非理性言论、判断，易对他人形成误导，网络语言暴力对言论自由的滥用，一定程度上破坏了他人"获取信息自由权"。

安全预防

● 提升品德修养，强化文明意识。大学生要加强自身的网络道德和社会主义价值观学习，强化道德自律，用道德规范约束自身的网络舆论行为，做到自觉抵制各种不健康的网络言行,自觉维护健康向上的网络舆论氛围,形成崇尚文明、追求进步、谴责歪风邪气的风尚。

● 提升法制修养,强化守法意识。大学生应充分认识网络时空是现实社会的虚拟,网络世界也需要法律来调适,任何触犯法律法规的网络行为都要依法受到处罚。大学生应明确区分网络行为的罪与非罪的界限,增强网络法制观念,对网络违法行为做到及时防范。

● 提升网络媒介素养,共建网络精神家园。

(1)大学生在面对各种信息时,应保持对信息的选择、质疑、理解、评估、创造及思辨的反应等能力,能够正确理解媒介信息,提出批判意见,提高对负面信息的免疫能力。

(2)大学生应学会理性辨别网络信息的真伪,不盲目相信网络媒介所传播的信息,应理性地对各类网络信息发表见解,提出批评性意见。

(3)对网络中的非法、暴力、垃圾、庸俗等信息,大学生应认识到它们的危害性,提高对它们的免疫力。

特别提示

网络政治谣言、社会谣言、经济谣言等通过歪曲、捏造新闻事件,或调侃、污蔑政治人物等手段,或者诋毁党、政府及政治人物的形象,对党和政府的公信力提出挑战;或者引发影响巨大的群体性事件,影响社会安定,扰乱社会秩序,造成巨大的社会危害;或者引起行业危机,导致企业破产、下岗失业人员增多等,影响国民经济发展。

二、防范网络侵害

(一)预防网络成瘾

案例导读

手机是移动智能终端中普及率最高的设备,可以说整日与人为伴。第一位被访者整天的生活被手机微博所占据,从与朋友的网络互动到跟评网络名人的发言,这一切让其乐此不疲并深陷其中不能自拔。第二位被访者是一名网络游戏成瘾者。他由于打游戏过度而导致成瘾。第三位被访者是一名网络收集成瘾者,他把所有精力都投入到对网上海量商品信息的比对和收集上,他十分苦恼但是又抗拒不了。

知识链接

网络成瘾,也称为网络过度使用症或病理性网络使用症,是指由于过度使用网络而影响身心健康的一种病症。

网络成瘾的主要特征:花费大量时间上网,且必须增加上网时间才能获得满足感,不能上网时出现异常情绪体验,学业失败、工作效率降低或现实人际关系恶化。向他人说谎以隐瞒自己对网络的迷恋等。

安全预防

●注重自我控制,作为已成年独立的大学生,应具备自我控制能力。在纷繁的网络世界里,大学生应能够把握自我,不断强化主体意识。

●正确认识网络也是正确使用网络的关键,在使用网络时,要把握使用尺度,增强健康使用网络的意识。

自我救助

● 要培养广泛的兴趣爱好。

● 积极参与社会交往,在交往中体验沟通的乐趣,用现实的人际关系取代虚拟的网络互动。

(二)防范网络诈骗

案例导读

陈先生在上网时,收到朋友曹某发来的一条 QQ 消息,让他与一个尾号为 1197 的手机号码联系。之后,陈先生拨打了这个号码,对方自称是曹某的朋友,希望陈先生先帮曹某还 12 万元给他。得知朋友有难,仗义的陈先生决定帮忙,于当天中午向对方汇款人民币 3 万元。当陈先生联系到曹某本人后才得知曹某的 QQ 被盗了,且未让他帮其还钱。

知识链接

网络诈骗是指以非法占有为目的,利用互联网采用虚构事实或者隐瞒真相的方法,骗取数额较大的公私财物的行为。

常见的网络诈骗有以下几种形式:

★ 网络购物诈骗:以拒绝安全支付、虚假网站、冒充客服三种方式为主,发案数量占网络诈骗案件数量的近一半,此类诈骗迷惑性强,受害人群广泛,以年轻网民居多。

(1)拒绝安全支付诈骗方式,不法分子以种种理由拒绝使用第三方安全支付工具,要求直接打款,收到汇款后拒不发货。

(2)虚假网站诈骗方式,不法分子直接开设购物网站,兜售远低于市场价格的商品,为增加可信度,诈骗分子声称商品来自走私、罚没、赃物等非正常渠道。

(3)冒充客服诈骗方式,不法分子冒充购物网站、网店客服人员与消费者联系,以交易异常、退款等名义诈骗。

★ 用 QQ 信息实施诈骗:犯罪嫌疑人盗取 QQ 号,再用盗取的 QQ 号冒充熟人和受害人聊天,并通过视频截图等手段取得受害人的信任,再以急需用钱的方式对受害人实施诈骗。

★ 网络交友诈骗:一些不法分子利用网络的虚拟性,通过网络聊天、交友等手段以虚假信息与受害人进行联络,“循循善诱”一步步消除受害者心理防备,在骗取对方信任后,选择时机提出借钱周转、合作经营、急救医疗等,骗取钱财然后便销声匿迹。

★ 网络兼职诈骗：不法分子利用大学生希望通过勤工俭学获得额外收入的心理，在各大网站、论坛发布虚假招聘信息等，以向求职者索取手续费、介绍费、押金等实施诈骗。

安全预防

● 接到陌生的短信或电话，要多留心眼，冷静判断，可以先拨打银行、公安等部门电话进行核实查询，不要直接拨打短信发出者或对方提供的号码，更不要将钱轻易转入对方告知的账户。若受骗应及时报警。

● 如有网友提出经济上的要求，一定要慎重，最好通过电话进行核实和确认。

● QQ 用户在发现自己的密码被盗时，要设法尽快取回密码，若无法取回，则要将被盗情况及时告知 QQ 网友，防止不法之徒假冒其名义从事违法犯罪活动。

● 网络交友需慎之又慎，不可轻信他人。

● 不要沉溺于网恋，更不要轻易与网友相约见面，尤其是女学生。即便确需赴约，应请他人陪同，切记不要在不完全了解对方的情况下单独赴约。

● 选择正规的电商网购平台，谨慎对待网上的一些低价商品信息，比如免费送，或者价格低得离谱的商品信息。

● 切莫轻信来自网络的就业信息，通过正规渠道获取就业信息会可靠些，如果对就业信息把握不准，应请经验丰富的老师帮助甄别。

自我救助

● 如在网上被骗或发现非法网络，应登陆公安部网络违法犯罪举报网站（访问地址：http://www.cyberpolice.cn）或违法和不良信息举报中心（访问地址：http://www.net.china.com.cn/）举报。

● 如被骗，可依据《中华人民共和国刑事诉讼法》的有关规定，向公安机关报案并提供相关证据。

特别提示

● 要记住："天上不会掉馅饼"，不要被不法分子的虚假信息蒙蔽双眼。

● 不要在互联网上公布自己的个人信息，如本人证件号码、账号、密码等，不向他人透露自己、同学、家人的个人信息，在网上用银行卡购物应小心谨慎，对要求你提供银行卡号的，应多留个心眼。

● 陌生人通过电话、网络、短信要求缴纳各种费用，进行银行转账、汇款的，或者声称提供安全账户为你的存款进行保护的，要记得"四不"：不听、不信、不转账、不汇款，谨防上当受骗。

（三）网络言论侵权

案例导读

李某是一名网络爱好者，在一次网友聚会上认识了张某，后两人交恶。张某遂以"飞天"的网名，多次在论坛发出针对并侮辱李某人格的帖子，在论坛中造成了极坏的影响。李某盛怒之下，以张某侵犯自己的名誉权为由提起诉讼，请求法院判定张某停止侵害，赔礼道歉等。最终法院判决张某停止侵害，赔礼道歉，并支付精神抚慰金 1000 元。

知识链接

网络言论侵权是指发生在网络中、以言论的行为方式而作出的对他人名誉权和隐私权等的侵害并造成损害后果的行为。网络言论侵权随着互联网业的兴起而日益引起人们的关注，各国政府积极运用各种手段对网络言论侵权进行规制。

自我救助

● 如权利遭到网络侵害，先应以书面方式或者网站公示的方式与网站交涉，具体内容包括："（一）通知人的姓名（名称）和联系方式；（二）要求采取必要措施的网络地址或者足以准确定位侵权内容的相关信息；（三）通知人要求删除相关信息的理由。"

● 对于拒绝删除和断开链接的网站，受害人可以在自己所在地起诉网站，并在之后的庭审中进行举证，如果网站以不是自己发布的侵权信息抗辩，那么网站需要提供发布侵权信息的用户的个人信息，以方便受害人起诉。

特别提示

《关于审理利用信息网络侵害人身权益民事纠纷案件适用法律若干问题的规定》

最高人民法院最新出台的《关于审理利用信息网络侵害人身权益民事纠纷案件适用法律若干问题的规定》（以下简称《规定》）就如何进一步规范网络言论，在进行自由的舆论监督和公民人身权利保护方面找到平衡点作出了新的解答。

《规定》指出："网络用户或者网络服务提供者利用网络公开自然人基因信息、病历资料、健康检查资料、犯罪记录、家庭住址、私人活动等个人隐私和其他个人信息，造成他人损害，被侵权人请求其承担侵权责任的，人民法院应予支持。"

"网络用户或者网络服务提供者以添加侮辱性内容、诽谤性信息、不当标题或者通过增删信息、调整结构、改变顺序等方式致人误解"都可以请求法律保护，要求发帖者和网站承担责任。

（四）网络信息安全防范

案例导读

2012 年 3 月，上海公安机关在办理一起信用卡诈骗案时发现，犯罪嫌疑人用于作案的大量公民个人信息均购于互联网，由此发现一个非法出售个人信息的犯罪群体。办案民警深挖案件线索，追踪定位，查明有大量的公民个人信息、学生学籍信息及企业信息等被非法销售。他们通过信息的贩卖，从中获取非法利益。3 月至 8 月期间，公安机关先后抓获涉案嫌疑人孙某某等 31 人。

知识链接

网络信息安全是指网络系统的硬件、软件及其系统中的数据受到保护，不因为偶然的或者恶意的原因而遭到破坏、更改、泄露，系统连续可靠正常地运行。当代大学生在接触、利用网络的同时，应有效防范诸如隐私泄露等问题的发生。

安全预防

加强个人计算机网络安全，应注意以下几个方面：

● 安装杀毒软件并定期升级所安装的杀毒软件（如果安装的是网络版，在安装时可先将其设定为自动升级），给操作系统打相应补丁。外来存储介质（光盘、U 盘等）必先杀毒，后打开；不随意打开来路不明的文件。当电脑不慎感染上病毒时，应立即将杀毒软件升级到最新版本，然后对整个硬盘进行扫描，清除一切可以查杀的病毒。

● 安装个人防火墙并根据需求合理配置防火墙规则，个人防火墙软件可以从各家杀毒软件的厂商获取。

● 分类设置密码并使密码设置尽可能复杂，在不同场合使用不同密码。处处使用同一密码有很大的安全隐患；谨慎使用“记住密码”的功能，及时清除 cookies、临时文件夹等。提高密码的安全强度，要尽量避免使用有意义的英文单词、姓名缩写以及生日、电话号码等容易泄露的字符作密码，好的密码至少应该由大小写字母、数字和其他字符组成，且长度最好在 8 位以上。

● 不要点击陌生人通过 E－mail、IM 等传送过来的或不确定是否安全的网址。不下载来路不明的软件及程序。熟悉的人发来的邮件最好先另存到本地，再用杀毒软件检查；陌生人的邮件直接删除，更不要回复。

● 注意保护重要数据和文件，只在必要时共享文件夹。重要数据和文件不要放在共享文件夹内，确因工作需要应设置口令和操作权限，使用结束，立即取消。个人的隐私、机密信息或文件等不要存储在能上网的电脑上。

● 定期备份重要数据。重要数据和文件应备份，核心数据和文件应异地备份。

● 注重个人信息的保护。在注册网站、论坛登录账号时，要尽量做到“有限提供”，能不填的个人信息尽量不填，能少填的信息绝不多填。特别是在登录社交网络和聊天工具，以及上一些婚恋、交友类等需要实名认证的网站时，更要谨慎行事，不要轻易填写个人及家庭的详细资料。上网聊天时，也不要向陌生人泄露自己的姓名、电话和住址，尤其不能泄露身份证号码、账号、密码及验证码等信息。E－mail、手机号码不要直接发布在公开显示的地方。

自我救助

● 计算机系统一旦遭到入侵，如果电脑里有重要资料，首先应断开计算机的网络连接。

● 升级系统补丁、杀毒软件及防火墙。

● 查找攻击类型并采取相应的措施。

三、预防网络犯罪

（一）预防网络违法犯罪不健康心理

案例导读

2011 年 5 月，济南市公安局网警支队端掉以黑客朱某为首的犯罪团伙。朱某是一名高校网络高手，在金钱和好奇心的驱使下，以他为主组成了一个 9 人制贩假证团伙，先后入侵全国数省市多个网站，修改相关数据 200 余个，在网站数据库中添加假证的个人信息，使他们办理的工程师、高级工程师、经济师等假证，变成可以从网站上查到个人信息的备案“真证”。

知识链接

大学生网络违法犯罪，一般有以下几个方面的心理特征：

★ 自我表现心理。有些大学生黑客是为了表现自己的智力和网络技术水平，去入侵破坏计算机网络系统的。一旦入侵成功，则在相关社区论坛公开炫耀一番。

★ 猎奇心理。具备计算机网络相关知识的大学生大部分对攻破防火墙、绕过安全软件的检测、解开加密密码充满兴趣，正是这种好奇心激发大学生去发现和搜寻计算机网络系统的漏洞，利用黑客工具或编写程序木马解密密码、进行入侵等。

★ 发泄心理。大学生面临学业、爱情、经济、就业等各种压力，当这些压力得不到很好的缓解，他们容易把网络当作一个宣泄的平台，在网络上说出平时不敢说的话，做出平时不敢做的事。

★ 贪财心理。一些大学生面对金钱的诱惑无法抵挡，尤其是当这些钱财可以通过网络轻而易举获得时，他们往往实施网络盗窃等违法犯罪行为。

★ 报复怨恨心理。一些大学生对他人有怨恨或对社会产生敌视心理，怨恨整个社会，从而通过网络报复实施违法犯罪行为。

★ 侥幸心理。网络的开放性、虚拟性，使得一些进行网络违法犯罪的大学生心存侥幸。还有部分违法犯罪大学生自恃网络技术水平很高、网络违法犯罪行为很隐蔽，能躲避公安机关的追查。

★ 盲从心理。一些大学生在网络上发表言论时，不加思考、跟随大流、人云亦云，甚至盲目跟从网络意见领袖的观点。

安全预防

● 积极参加校园文化实践活动，培养健全的心理。大学生要从网络中"走出来"，参加一些积极、健康、有益的活动，拓展丰富的课堂业余生活，提高自身的实际动手、人际交往等能力，锻炼自己的意志和品质，认识到自身的价值所在，摆脱不健康心理，培养健全的人格。

● 遵守网络道德。在虚拟的网络环境中，大学生进行网络行为不仅要摒弃不健康心理，还须接受现实社会的人际、法律、道德以及舆论的约束。

自我救助

● 大学生在遇到挫折、面对压力等时，要积极调节、疏导自己的心理，不要心态失衡，进而在网络上采取一些过激行为来发泄。

● 必要时可以到学校心理咨询室寻求帮助，在心理老师的指导下运用分析疗法、认知疗法、行为疗法来培养自身的性格、意志等，缓解自己的心理冲突。

（二）预防网络违法犯罪行为

案例导读

南宁市某职业学院的学生韦某，常流连于各QQ群。2012年4月，一网友在群中询问“谁有日本某某明星的黄色影片？”时，韦某发现自己正好有这样一个视频，便立即将该视频的种子复制粘贴到群上。韦某不知道自己的这次共享，却触犯了法律。公安局发现该群大量出现淫秽图片和视频，立案侦查后，曾在该群发布过淫秽视频的韦某，也被列为网上在逃人员，并于2013年10月23日，被南宁市公安局刑事拘留。

知识链接

根据《中华人民共和国刑法》及相关法律条文，凡是攻击计算机网络系统，或者利用计算机互联网实施违法犯罪活动，统称为“网络违法犯罪”。

大学生网络违法犯罪主要有以下几种表现：

★ 网络黑客。网络黑客是以计算机信息系统为对象、未经许可而非法进入计算机信息系统、威胁互联网运行安全的行为。他们主要通过扫描系统漏洞、编制散布病毒、破译密码、放置木马植入后门程序，入侵计算机信息系统，从而达到复制、篡改、删除、破坏信息系统的目的，轻则使计算机系统不能正常运行，造成数据部分丢失、系统局部功能损坏，重则造成计算机系统瘫痪、重要数据丢失无法挽回，甚至造成大面积网络瘫痪、大规模计算机系统损坏，给国家和社会造成严重损失和危害。

★ 网络侵财。网络侵财主要是通过网络，借助黑客软件工具实施侵犯他人财产权利的违法犯罪活动。这类犯罪侵害目标集中在金融、证券等重要系统部门，犯罪目的比较明确，主要是为了非法占有财产，谋取非法利益。

★ 网络色情。大学生由于心理尚不成熟、好奇，同时是QQ、微博、微信等的主要使用群体，不经意间就会涉足此类违法犯罪活动，他们利用计算机网络制作、复制传播色情、淫秽的物品和信息。

★ 网络侵犯公民民事权利。网络信息传播的多元化，尤其是网络移动终端的普及和自媒体等新媒体的出现，导致一些大学生利用网络侵犯公民民事权利，如侵犯公民姓名、肖像、名誉权和隐私权，在网络上公开、散布他人的一些私人信息或进行恶意诽谤、造谣、传谣等。

★ 故意制作、传播计算机病毒等破坏性程序。故意制作木马等破坏性程序并在网上大量传播，影响计算机网络系统的正常运行，甚至造成大规模、大面积网络瘫痪，大量计算机系统遭到破坏。

★ 散布、传播反动言论。查阅某些反动信息，并对某些反动言论观点加以摘抄、删改，或复制，并在网络上散布、传播，危害国家安全和社会稳定。

安全预防

● 增强网络法制观念，增加网络法律法规知识。大学生要积极学习了解网络法律法规相关知识，注重网络法律意识的培养，懂得什么是网络违法犯罪行为，了解网络违法犯罪的危害，清楚网络违法犯罪的处罚，真正将网络法律法规融入大学生活。

● 避免过度上网。大学生痴迷于上网，沉溺于网络游戏、网络社交，不知不觉会把网络上的评判标准带入现实生活中，把虚拟世界中处理问题的方法运用到现实社会中，长期这样，难免会埋下网络违法犯罪的隐患。

● 不故意制作和传播、散发病毒木马。大学生不编写带病毒或破坏性的程序软件并放到互联网上，不将病毒木马植入网页中供用户浏览，不将病毒木马捆绑到邮件附件中诱骗用户点击，不通过即时聊天工具传发携带病毒木马的网页链接或文件，不将病毒木马捆绑进各种非法软件供用户下载安装使用。

● 不在互联网上尝试使用黑客软件。不使用端口扫描软件去扫描计算机系统提供的服务端口；不使用网上公布的漏洞信息去寻找存在此漏洞的计算机互联网系统；不在真实的网络环境中尝试黑客软件教程，非法攻击、入侵、控制计算机系统。如果为了学习计算机网络知识的需要，可以在网络模拟环境中进行验证和操作学习。

● 大学生在逛论坛、晒微博、聊 QQ、转发微信时，不制造、转发色情淫秽等不良信息；不造谣，不传谣；不进行网络诽谤、曝光隐私等侵犯公民民事权利的行为。

● 不在网络上散布、传播反动言论。

● 社会管理机构需加强技术手段，净化网络综合环境。相关管理机构应通过技术手段增强各类计算机系统安全，修补自身系统漏洞；对网络消极信息进行有效监控、过滤和清除；对大学生的网络行为加强引导。

自我救助

● 大学生一旦发现自己在进行网络违法犯罪行为时，应立即停止此类行为。

● 分析自身的网络违法犯罪行为的危害，积极主动采取补救措施。

● 大学生的网络违法犯罪行为尚未被社会相关管理部门追究时，应向学校相关部门报告具体情况并积极自首。

● 当大学生的网络违法犯罪行为被社会相关管理部门追究时，应积极配合调查，交代具体的违法犯罪事实。

特别提示

《中华人民共和国刑法》

我国《刑法》中有关网络犯罪的专门性规定，具体如下：

第二百八十五条　规定了“非法侵入计算机信息系统罪”、“非法获取计算机信息系统数据、非法控制计算机信息系统罪”和“提供侵入、非法控制计算机信息系统程序、工具罪”。

第二百八十六条　规定了“破坏计算机信息系统罪”。

第二百八十七条　对利用计算机实施金融诈骗、盗窃、贪污、挪用公款、窃取国家秘密或其他犯罪的规定。

第三百六十三条　制作、复制、出版、传播淫秽物品罪。

第三百六十四条　传播淫秽书刊、影片、音像、图片或者其他淫秽物品的规定。

第十章

遵纪守法

大学校园是象牙塔，然而大学校园并非世外桃源，经济社会的高速发展带来的种种问题在校园内也以不同形式存在，大学生违纪违规、甚至违法犯罪情况屡见不鲜。大学生犯罪不仅葬送了当事人的美好前程，也触动了社会敏感的神经，引发了社会的广泛关注。

一、常见大学生犯罪行为

（一）人身伤害犯罪

案例导读

2012 年 11 月 8 日早晨，青岛某高校的张同学和黄同学从宿舍出来，准备去教学楼上课，路上黄同学叫了几声张同学的外号，引起张同学不满。到了操场上，张同学突然发现一个啤酒瓶，拿起啤酒瓶猛击黄同学头部，并用啤酒瓶的断茬捅向黄同学的脸和脖子处，导致黄同学内静脉破裂，右侧迷走神经完全断裂。经法医鉴定，黄同学的伤情属于重伤。张同学也因犯故意伤害罪，被判处有期徒刑 9 年。

知识链接

侵害公民人身权利是指故意或者过失侵害公民的人身权利以及与人身有直接关系的其他权利的行为。侵害人身权利主要体现在故意或过失杀人、故意或过失伤害他人身体等方面。

故意伤害，是指故意伤害他人身体的行为。即行为人明知自己的行为会造成损害他人身体健康的结果，而希望或放任这种结果的发生。故意伤害严重的构成故意伤害罪，故意伤害罪是侵犯公民人身权利中最常见的一种犯罪。通常表现为破坏人体组织的完整和破坏人体器官的正常机能等。但这些伤害行为必须是非法的，如果是因正当防卫等合法行为而伤害他人身体的，不构成故意伤害罪。

故意杀人，是指故意非法剥夺他人生命的行为。属于侵犯公民人身民主权利罪的一种。是性质最恶劣的少数犯罪之一。

校园故意伤害与故意杀人案件的特点：

★ 侵害主体是在学校学习、生活的学生；侵害地点固定在学校校园内及学校组织校外活动等特定场所；侵害的时间特定发生在学生在校学习、生活期间以及学校组织活动期间。

★ 作案动机邪恶，手段残忍；血腥暴力，目的简单。作案动机往往非常简单，目的明确，置人于死地，不计后果。作案手段残忍，性质相当恶劣，令人触目惊心。

★ 有预谋，模仿性强。作案前缜密谋划，准备作案工具，有些作案手段模仿电影电视中的故事情节或暴力恐怖分子。

安全预防

● 大学生提升自身的人际交往能力，培养正确的价值观，学会严于律己、宽以待人的交往方式，在与人交往中保持宽容、理解的心态。

● 大学生努力提升自身的抗压能力，遇事不慌乱、不紧张。寻找倾听者，通过与他人的积极沟通，减少矛盾，出现矛盾要及时化解，避免矛盾累积产生犯罪思想。

●不拉帮结派、孤立或欺负他人，结交正直向上的朋友，构建良好的朋友交际圈，保持积极向上的人生态度。

● 遇到自己难以解决的心理问题、无法处理的人际关系和恋爱问题时，应当寻求外界帮助，主动向同学、父母、老师诉说自身问题，通过他人的开导及时解决存在的问题。

自我救助

● 遇到校园暴力，一定要沉着冷静。采取迂回战术，尽可能拖延时间。

● 人身安全永远是第一位的，不要去激怒对方。必要时，向路人、同学、老师呼救求助。

● 顺从对方的话去说，从其言语中找出可插入话题，缓解气氛，分散对方注意力，同时获取信任，为自己争取时间。

● 不主动与同学发生冲突，一旦发生应及时冷静理性解决。

特别提示

《中华人民共和国刑法》

第二百三十四条 【故意伤害罪】故意伤害他人身体的，处三年以下有期徒刑、拘役或者管制。

犯前款罪，致人重伤的，处三年以上十年以下有期徒刑；致人死亡或者以特别残忍手段致人重伤造成严重残疾的，处十年以上有期徒刑、无期徒刑或者死刑。本法另有规定的，依照规定。

第二百三十二条 【故意杀人罪】故意杀人的，处死刑、无期徒刑或者十年以上有期徒刑；情节较轻的，处三年以上十年以下有期徒刑。

第二百三十八条 非法拘禁他人或者以其他方法非法剥夺他人人身自由的，处三年以下有期徒刑、拘役、管制或者剥夺政治权利。具有殴打、侮辱情节的，从重处罚。

犯前款罪，致人重伤的，处三年以上十年以下有期徒刑；致人死亡的，处十年以上有期徒刑。使用暴力致人伤残、死亡的，依照本法第二百三十四条、第二百三十二条的规定定罪处罚。

(二)侵犯财产犯罪

案例导读

陈某是安徽某高校在校学生,2012 年 11 月,他在网吧捡到一部手机,陈某发现手机里有机主的信用卡信息,通过手机短信与 QQ 信息,测出机主的身份证信息。利用机主身份证信息等,陈某在网上注册、开通了支付宝和财付通,并与机主的信用卡绑定,实现网上快捷支付。随后,陈某在网上购买了苹果手机 1 部、小米手机 1 部、笔记本电脑 2 台,给机主造成经济损失 1.6 万元。接机主报案后,公安机关将陈某抓获,检察机关以信用卡诈骗罪对陈某提起公诉。

知识链接

校园中常见的侵犯财产犯罪主要为盗窃罪,但也存在少量犯抢劫罪、诈骗罪的。家庭条件的差异,会导致学生间消费观念、消费方式的差异,校园内的侵财案件也因而频频发生。

大学生发生侵财案件的原因:

★ 不良社会风气的影响。在市场经济大潮下,一些大学生开始追求奢侈、贪图享乐、互相攀比,将物质享受视为衡量个人幸福的标准。

★ 家庭经济因素。大学生们来自不同家庭,各自的家庭经济条件不同,经济上的贫困,加上个人自卑的心态、薄弱的意志,极易引发贫寒学子走上犯罪道路。

★ 犯罪环境的诱发。大学生财产犯罪具有偶发性,与犯罪环境的诱发有着紧密联系,最明显的就是“见财起意”的盗窃犯罪。

安全预防

● 学校、社会和家庭应引导大学生的树立正确的金钱观,通过多种途径对大学生的物质消费进行引导,防止物质需要的过度膨胀,帮助大学生树立依靠自身奋斗获取物质财富的观念。

● 加强对大学生的法治教育。通过法律知识课程、讲座和模拟法庭等对大学生进行社会主义法治教育，让大学生对犯罪行为的后果有明确认识，知晓利害，预防和消除犯罪思想。

● 加强对大学生的安全防范教育，提高大学生防盗、防骗意识，使大学生养成良好的安全习惯，减少侵财案件的发生。

● 建立完善的学生资助体系，政府主管部门与高校加强学生资助体系建设，落实面向贫困学生的助学金、困难补助、助学贷款发放政策，提供面向贫困生的勤工助学岗位。

● 学校关注贫困大学生的心理健康，引导这些学生以积极、乐观的态度正视困难，协调解决学生在学习、就业中的实际困难。

自我救助

● 大学生自觉接受学校、家庭的价值观教育，培养正确的金钱观念，避免树立拜金主义、盲目从众、虚荣攀比的物质观念，不以物质条件的差别作为人际交往的标准。

● 大学生应树立正确的消费观念，养成良好的生活习惯，不应因经济上的不富裕萌生侵害他人财产的想法，日常生活中不应存侥幸心理。

● 贫困学生应树立正确的物质差异观念，自强不息、奋发向上，通过勤工助学、兼职等形式解决自身的经济困难。

（三）性侵害犯罪

案例导读

刘某系兰州某高校法律专业学生，2013 年 6 月的一个晚上，刘某在学校附近的网吧包夜上网，期间浏览了黄色网站，至凌晨三时许离开网吧。处于亢奋中的刘某，行至附近一巷道时，遇到女青年张某某路过，于是刘某尾随张某某至巷道深处，见四下无人，遂对张某某实施了强奸。案发后，公安机关根据受害人报案及调取视频监控录像，于次日将刘某抓获。法院以强奸罪判处刘某有期徒刑 5 年。

知识链接

常见的性侵害案件主要包括强奸罪，强制猥亵、侮辱妇女罪。此类犯罪的特征在于违背女性的意愿，侵害了女性的身体权和性自由选择权。常见的性侵害手段是暴力、胁迫方式，而对于女性存有挑逗或半推半就行为的，应当具体分析，但这并不能成为实施犯罪的人的免责事由。需要注意的是未满14周岁的幼女无论其是否同意，采取何种手段，只要与幼女性交都构成犯罪，并对强奸幼女从重处罚。

大学生实施性侵害，主要受以下几方面因素影响：

★ 由于生理、心理的发育，步入大学后与异性接触的机会增多，会产生接近异性的正常性心理，但若性意识强烈且自控力差，加之内心的猎奇心理，容易引发性侵害犯罪。

★ 由于某些公共场所和行业管理不严，商业性色情活动充斥现实与网络，大学生沉迷于网络中，淫秽色情信息通过网络传播，在给大学生身心健康带来严重损害的同时，也会诱发大学生实施性侵害犯罪。

安全预防

● 学校加强对大学生的性心理教育，重视对大学生的性意识引导。通过开展性知识教育，以生理知识、心理知识、性道德教育为重点，通过思想、道德、情操的引导，帮助大学生树立正确的性意识，实现正常的异性交往，减少性犯罪的发生。

● 加强社会管理，净化网络环境。政府部门应加大对卖淫嫖娼等社会丑恶现象的打击力度，加强对互联网的管理，整治网络淫秽色情信息，培育健康向上的网络环境。

自我救助

● 大学生自觉抵制不良文化，培育健康心理。大学生应培育高层次追求，树立良好积极的自我形象，建立健康的人际关系，正确处理与异性的交往，使自己的人格成熟与性成熟同步发展。

● 把握异性之间的交往分寸，女生要自重，男生要有自制力，避免引发犯罪行为。

● 树立正确的异性交往观念，女生应加强对性侵害的预防意识，平时可进行防身术等技能的学习，避免夜晚单独出行等。遇到危险时应当冷静，在发出求救的同时，学会与犯罪分子斗智斗勇。

(四)危害社会秩序违法犯罪

案例导读

案例一：安徽某高校武术社(学生自发组织)成员王某因网上购物发帖与该校散打队(学生自发组织)成员发生矛盾，并遭散打队成员殴打。在王某的邀约下，2013 年 3 月的一天，武术社成员与散打队成员在校外某操场聚众斗殴，造成多名学生受伤。据调查，参与此次事件的学生共 55 人，公安机关刑事拘留 13 人，其他人员受到治安处罚。

案例二：署名为“Perl”的网友在广西某高校校园网站论坛上发出一则帖子称：“我是广西某高校的一名学生，最近我们学校发生很多命案，有一名女生在学校里的一座山上被民工奸杀。令人气愤的是学校现在居然还封锁这个消息……”帖子出现后，在新生中引起了恐慌，正常的教学秩序受到影响，学校向公安机关报案。经公安机关调查，此帖子系该校大三学生梁某编造谣言发布。梁某因制造谣言严重扰乱校园正常秩序，被公安机关处以行政拘留 7 天。

知识链接

扰乱社会秩序的行为在学生间常表现为聚众斗殴、寻衅滋事、传播不良信息等行为，聚众斗殴要求一方或双方人数在 3 人以上，且各方的斗殴行为不具有正当性，但由于聚众斗殴参与人数较多，一般只对首要分子和积极参与的人进行刑事处罚，而其他法律对于参与斗殴的人员作出了行政处罚的规定。

随着互联网的发展，大学生利用网络传播虚假信息的行为越来越多，某些学生认为在网络中捏造、传播虚假信息不是犯罪行为，且存有网络世界信息真假难辨、使用人数较多而难以追责的侥幸心理，最高人民法院、最高人民检察院先后出台了《关于办理利用信息网络实施诽谤等刑事案件适用法律若干问题的解释》、《关于办理寻衅滋事刑事案件适用法律若干问题的解释》等司法解释，对利用信息网络实施诽谤、寻衅滋事、非法经营等案件作出界定，大学生应当认识到此类犯罪的危害性，避免实施犯罪行为。

安全预防

● 加强对网络环境的管理和控制，涉及暴力、色情的网络内容应严格清除，对网络信息的真实性予以核实。

● 发挥大众传媒的正面作用，电影、电视、报刊杂志等媒体应传播一些对大学生身心健康有正面意义、充满正能量的宣传作品，弘扬真善美，让大学生在潜移默化中接受正面引导。

● 学校应关注学生的思想行为，对可能发生的聚众闹事、斗殴情况及时制止并严肃处理，注重发挥警示教育作用，以减少此类犯罪的发生。

自我救助

● 大学生应加强法律知识学习，增强辨别是非的能力，课余时间可观看法制宣传节目，了解相关法律常识，提高自身法律素养。

● 大学生应规范自身的网络行为，运用新媒体手段传播信息时应考虑社会影响，不散布、不传播危害社会秩序的有害信息。

● 大学生应规范自身的社交行为，避免结交社会不良人员。对聚众斗殴等扰乱社会秩序的行为，避免参与其中，在无意识卷入后应及时脱身，并劝阻其他参与人。在无法劝阻的情况下，应及时向学校或公安机关报告，避免造成严重后果。

特别提示

《中华人民共和国刑法》

第二百九十二条 聚众斗殴的，对首要分子和其他积极参加的，处三年以下有期徒刑、拘役或者管制。

有下列情形之一的，对首要分子和其他积极参加的，处三年以上十年以下有期徒刑：

(一)多次聚众斗殴的；

(二)聚众斗殴人数多，规模大，社会影响恶劣的；

(三)在公共场所或者交通要道聚众斗殴，造成社会秩序严重混乱的；

(四)持械聚众斗殴的。

聚众斗殴，致人重伤、死亡的，依照本法第二百三十四条、第二百三十二条的规定定罪处罚。

第二百九十三条 有下列寻衅滋事行为之一，破坏社会秩序的，处五年以下有期徒刑、拘役或者管制：

(一)随意殴打他人，情节恶劣的；

(二)追逐、拦截、辱骂他人，情节恶劣的；

(三)强拿硬要或者任意损毁、占用公私财物，情节严重的；

(四)在公共场所起哄闹事，造成公共秩序严重混乱的。

《中华人民共和国治安管理处罚法》

第二十五条 有下列行为之一的，处五日以上十日以下拘留，可以并处五百元以下罚款；情节较轻的，处五日以下拘留或者五百元以下罚款：

(一)散布谣言，谎报险情、疫情、警情或者以其他方法故意扰乱公共秩序的；

(二)投放虚假的爆炸性、毒害性、放射性、腐蚀性物质或者传染病病原体等危险物质扰乱公共秩序的；

(三)扬言实施放火、爆炸、投放危险物质扰乱公共秩序的。

二、大学生违纪违规行为

(一)违反考试管理制度

案例导读

2014年6月,中央电视台曝光河南省部分地区存在高考替考现象,教育部派出调查组查明,这是一起中介人员在武汉部分高校招募替考"枪手",在河南部分地区联系被替考考生家长并收取费用,与个别考务工作人员串通进行替考作弊的案件。对于查出的11名替考"枪手",依据《普通高等学校学生管理规定》,所在高校给予全部开除学籍的处理。

知识链接

《普通高等学校学生管理规定》及各高校制定的内部管理规定均对考试作弊问题作出严格规定。大学生的本职是学习,考试作为检验学习的一种方式应当予以肯定。然而,不仅在大学课程考试中存在作弊的现象,甚至还存在为获取经济利益进行社会替考的情况,这不仅违反了学生管理有关规定,也违反了国家法律法规。

大学生考试作弊的原因:

★ 学生存有侥幸、同情、从众等心理。个别大学生平时学习不努力,为了不留级或不被退学而铤而走险。且少数学生抱有侥幸心理,觉得自己能够成功。少数成绩好的学生碍于情面,难以推脱,被动作弊。部分学生看到别人作弊心理不平衡,从而"群体效尤"。

★ 课程考核方法不科学。应试教育的形式在大学中依然存在,部分课程教学内容枯燥,教学方法单一,不能充分调动学生的学习积极性。学校一般将期末考试分数作为课程的最终成绩,而期末考试通常采用笔试的方式,增加了作弊的几率。有些学生为了通过或取得更高的成绩而作弊。

安全预防

● 学校加强大学生的诚信教育,宣传诚信知识,帮助学生树立正确的考试观念，不要有“一考定终身”的思想。

● 学校改革课程考试方法，科学设计考试内容。改革陈旧过时的考试内容，注重考核学生综合运用知识的能力，以减少学生的死记硬背、猜题押宝，甚至考试作弊。

● 加强学生的考风考纪教育，警示学生作弊的危害性。考风考纪教育应涵盖职业技能考试、公务员考试、职称考试、学校课程考试等，介绍国家法律法规对考试作弊行为的惩处。

自我救助

● 大学生增强自主学习的能力，当出现作弊、替考等想法时应及时消除，树立正确的考试观念。

● 大学生应学习相关行政法规和学校管理规定，了解学校关于考试的规章制度，避免出现违纪违规行为。

特别提示

《国家教育考试违规处理办法》

第十二条规定：在校学生、在职教师有下列情形之一的，教育考试机构应当通报其所在学校，由学校根据有关规定严肃处理，直至开除学籍或者予以解聘：(一)代替考生或者由他人代替参加考试的。

第十七条规定：有下列行为之一的，由教育考试机构建议行为人所在单位给予行政处分；违反《中华人民共和国治安管理处罚法》的，由公安机关依法处理；构成犯罪的，由司法机关依法追究刑事责任：(二)代替考生或者由他人代替参加国家教育考试的；(三)组织或者参与团伙作弊的。

《普通高等学校学生管理规定》

第五十四条规定：学生有下列情形之一，学校可以给予开除学籍处分：(四)由他人代替考试、替他人参加考试、组织作弊、使用通讯设备作弊及其他作弊行为严重的。

(二)违背学术道德行为

案例导读

赵某系国内某知名大学流体力学专业博士生，因发现其博士学位论文有严重抄袭现象，学校撤销其博士学位，其博士毕业证书也被吊销。同时，依据该校规定，赵某研究生导师的指导教师资格也被取消，学校还责令赵某曾经学习的研究生培养点限期整改，在两年的整改期间停止招生。

知识链接

学术不端行为是指违反学术规范、学术道德的行为，一般表现为捏造数据、篡改数据和剽窃行为。同时，大学生中常见的一稿多投、侵占学术成果等行为也可以包括其中。在课程论文和毕业论文写作中，较为常见的是剽窃他人语句和观点，对于他人的语句、观点和实验数据等应当标明出处。部分学生用自己的话对原句进行加工并重新写出文章，即使语言文字不完全一样，但实际上是引用了他人的观点，也应当认定为学术不端。目前教育部已出台《高等学校哲学社会科学学术不端行为处理的意见》、《高校人文社会科学学术规范指南》等文件，为高校学术道德和学风建设提供了政策依据，以此来推动高校的学风建设。

目前学术不端行为出现的原因：

★ 大学生学术态度不端正，学习能力欠缺，学习态度浮躁，缺乏坚实的学术科研基础。在面临毕业时，急功近利，想尽快完成毕业论文从而导致学术不端行为的出现。

★ 社会不良风气影响学术研究，学术监管乏力，社会诚信缺失导致学术界弄虚作假，以及高校监管机制不健全，高校教师对学生学术的督导不严格，甚至出现部分教师纵容学生的学术不端行为。

安全预防

● 学校应培育良好的学术氛围，加强对学术不端行为的惩处。学校应制定处罚学术不端行为的规章制度，加大对学术不端行为的惩治力度，对行为严重者给予开除学籍的惩罚。

● 有关部门应加大对以赢利为目的的出版社的监察力度，出版社应当积极发挥学术交流传播者的作用。

自我救助

● 大学生应端正学习态度。大学生应当以课堂学习为基础，结合自学、学术交流、学术讲座等方式培养学习能力和科研能力。

● 大学生应当有尊重和保护学术作品的认识，对学术研究有正确的态度，树立依靠自身的知识、能力创造学术作品的意识。

● 大学生遇到自身著作权等受到侵害的学术不端行为时，应当具有维护自身权益的意识，针对整篇引用或大部分段落引用的文章，可以要求侵权人明确标注出处，否则通过法律手段依法维权。

特别提示

《普通高等学校学生管理规定》

第五十四条规定：学生有下列情形之一，学校可以给予开除学籍处分：(五) 剽窃、抄袭他人研究成果，情节严重的。

《国务院学位委员会关于在学位授予工作中加强学术道德和学术规范建设的意见》

第五条规定：在学位授予工作中，学位授予单位对以下的舞弊作伪行为，必须严肃处理：(二)在学位论文或在学期间发表学术论文中存在学术不端行为；(三)购买或由他人代写学位论文。

第六条规定：学位授予单位在处理舞弊作伪行为时，要遵循客观、公正、合法的原则，根据舞弊作伪行为的性质和情节轻重，依据法律、法规和有关规章制度对相关人员作如下处理:(一)对于学位申请者或学位获得者,可分别作出暂缓学位授予、不授予学位或撤销学位授予的处理。

(三)违反宿舍管理制度

案例导读

侯某,某校体育专业学生。2009年4月的一个晚上,因遇到一些不愉快的事情,侯某在宿舍酗酒,酒后大喊大叫,寻衅滋事,与隔壁寝室同学发生冲突,所幸学校工作人员及时赶到制止了冲突。经辅导员老师的教育,侯某认识到自己的错误,但其行为已严重扰乱宿舍作息秩序以及公共场所管理秩序,根据相关规定,学校决定给予侯某警告处分。

知识链接

宿舍管理方面,有《普通高等学校学生安全教育及管理暂行规定》、《普通高等学校学生管理规定》等法规的规定,可见校园生活的安全性和规范性是学校对学生规制的重要方面。

大学生违反宿舍管理规定现象出现的原因:

★ 由于当代大学生许多为独生子女,他们是在家庭的呵护下成长的,进入大学后适应集体生活能力较差。

★ 大学生的自我意识、个人主义与宿舍的集体生活不相适应,易导致室友间产生矛盾。

★ 脱离家庭约束的大学生可以自主安排生活,但因心理不成熟、自控力缺乏,有些学生会出现晚睡晚起、抽烟酗酒、迷恋网络游戏等情况,由此产生不良后果。

★ 由于安全意识淡薄,大学生在宿舍违规使用电器现象较多,形成较大的安全隐患。

安全预防

学校加强学生宿舍管理,引导学生营造和谐的宿舍文化。发挥宿舍管理员、学生辅导员、学生干部的作用，严格执行宿舍管理制度，关注学生遇到的生活困难，并妥善解决学生集体生活中产生的矛盾。

自我救助

● 大学生应锻炼生活自理能力，强化自我规范意识，加强自我管理。应培养集体生活能力，提高适应能力，学会与他人和谐共处。

● 大学生应积极参加社会活动，积累生活经验，努力学会独立处理生活中的各种问题，锤炼吃苦耐劳的道德品质。

● 大学生应学习学校规章制度，了解学生宿舍的基本制度和禁止实施的行为，并在日常生活中严格规范自身行为，避免出现违纪违规行为。

特别提示

《普通高等学校学生安全教育及管理暂行规定》

第十五条　学生应严格遵守宿舍管理的规定，自觉维护宿舍的安全与卫生，提高自我管理能力。

《普通高等学校学生管理规定》

第五十四条　学生有下列情形之一，学校可以给予开除学籍处分：（六）违反学校规定，严重影响学校教育教学秩序、生活秩序以及公共场所管理秩序，侵害其他个人、组织合法权益，造成严重后果的。

第十一章 责任与权益

大学生在高校学习生活，与所在高校必然形成相应的管理、服务法律关系。在学校学习期间，大学生应享有哪些权利、又必须履行哪些义务呢？本章依据《普通高等学校学生管理规定》，分析了大学生在高校应履行的主要义务、享有的主要权利。

一、大学生的义务

（一）遵守宪法、法律、法规

案例导读

2014 年 4 月，山东某学院女生宿舍，文某与汪某因宿舍换锁的事，引发矛盾。心生怨恨的文某，趁汪某离开宿舍的时机，将清洁剂倒进汪某平时喝水的矿泉水瓶。当天晚上，汪某喝了矿泉水后，出现呕吐现象，被紧急送往当地人民医院救治，因抢救及时未造成严重危害。警察对文某进行了调查和处罚。

知识链接

宪法、法律、法规是我国人民根本利益的体现，是国家、社会组织和公民一切活动的基本准则。宪法是国家的根本大法和总章程，它规范国家基本的政治关系、经济关系以及相关制度，规定公民的基本权利和义务等。法律由全国人大及其常委会制定，具有仅次于宪法的法律效力，规范着多种社会关系。法规主要分为国务院制定的行政法规、具有立法权的地方人大及其常委会制定的地方性法规，它们也是我国立法体系中的重要组成部分。

高等学校的学生首先是中华人民共和国的公民，作为一名公民，必须遵守宪法、法律、法规，这是公民的基本义务。高等学校的学生是社会主义事业的建设者和接班人，作为接受较高程度教育的特殊群体，在遵守法律、法规方面应起到模范带头作用。这是法治社会对公民的基本要求，更是高等学校学生最基本、最起码的行为规范。大学生在学习、工作和生活中必须遵守宪法、法律、法规的有关规定，违反者将承担相应的法律责任。

安全预防

● 通过收听收看法制类广播电视节目、阅读法律类报纸杂志等学习法律知识。

● 参与法律实践活动，在实践中运用法律知识和方法思考、分析、解决法律问题，养成自觉的法律思维习惯。

● 大学生要学会用法律武器保护自己，维护自己的正当权益。

（二）遵守学校管理制度

案例导读

因食堂吃饭便宜，图书馆看书方便，教室可以无限使用，因而不论是已工作的毕业生，还是准备考研的学生，都不约而同看中了校园。于是，高校附近的租房市场甚至出现了“一床难求”的现象。南京某高校大四学生小李就将自己在宿舍的床位出租给了一位从河南来考研的同学。该校物业管理人士表示，学校明确规定：校内学生宿舍床位不允许擅自对外出租，不允许任何人以此来牟利。小李的做法违背了学校的管理规定。

知识链接

高等学校的各项管理制度是保证学校教育教学顺利进行的根本措施，是国家教育法律、法规、政策的具体化。

对于学校符合法律、法规规定的管理制度，如学籍管理制度、教学管理制度、学生管理制度、宿舍管理制度、团体管理制度、校园管理制度等，学生应当遵守。学生违反这些制度就可能受到学校的批评教育甚至处分。对于学校根据上述制度所采取的措施或者作出的决定，即使有异议，也应当依据规定途径寻求解决。

安全预防

● 学习了解《普通高等学校学生管理规定》，了解对高校学生的行为要求。

● 学习了解所在学校的相关管理制度，清楚所在学校的各方面管理要求。

● 了解如果与高校发生纠纷的解决途径。

自我救助

● 发现所在学校的规定不合理、不合法，可以先向学校学生处、教务处等管理部门反映。

● 自身因违反相关管理规定被处分，要保存好相关证据，以便自身维权时使用。

● 可以积极参与高校相关管理制度的制定，通过合法途径反映学生的意愿和要求。

● 在通过校内救济途径不能奏效的情况下，可以考虑通过司法途径讨说法。

特别提示

《普通高等学校学生管理规定》

第四十二条 学生应当自觉遵守公民道德规范，自觉遵守学校管理制度，创造和维护文明、整洁、优美、安全的学习和生活环境。

学生不得有酗酒、打架斗殴、赌博、吸毒，传播、复制、贩卖非法书刊和音像制品等违反治安管理规定的行为；不得参与非法传销和进行邪教、封建迷信活动；不得从事或者参与有损大学生形象、有损社会公德的活动。

第五十三条 纪律处分的种类分为：（一）警告；（二）严重警告；（三）记过；（四）留校察看；（五）开除学籍。

第五十四条 学生有下列情形之一，学校可以给予开除学籍处分：

（一）违反宪法，反对四项基本原则、破坏安定团结、扰乱社会秩序的；

（二）触犯国家法律，构成刑事犯罪的；

（三）违反治安管理规定受到处罚，性质恶劣的；

（四）由他人代替考试、替他人参加考试、组织作弊、使用通讯设备作弊及其他作弊行为严重的；

（五）剽窃、抄袭他人研究成果，情节严重的；

（六）违反学校规定，严重影响学校教育教学秩序、生活秩序以及公共场所管理秩序，侵害其他个人、组织合法权益，造成严重后果的；

（七）屡次违反学校规定受到纪律处分，经教育不改的。

（三）努力学习，完成规定学业

案例导读

2010年4月，某高校朱某等70多名学生因2009年下学期所获课程学分未达该学期教学计划规定的三分之二，根据该校学籍管理规定，朱某等同学均被处以学业警告。其中2名同学因已第二次受到学业警告，结合平时表现，分别受到留级试读和跟班试读的处分。

知识链接

学习是在校学生的主要任务。学生接受高等教育的目的,在于通过学习,成为符合社会需要的合格人才。为达此目的,学生应当参加学校按照教育教学计划统一安排和组织的各项活动,认真刻苦地学习和研究,以便在学校规定的修业年限完成学业,否则将不能如期毕业、不能获得相应的毕业证书和学位证书。高等学校的学生在校修读期间,务必要处理好学习与参加其他活动的关系,坚持以学习为主的基本原则。这既是高等学校学生的权利,也是其应当履行的义务,更是国家和社会对高等学校学生的基本要求。

安全预防

● 学习了解所在学校学籍管理规定,了解学校的学制年限、学业要求、课程预警及退学等规定。

● 正确处理恋爱、兼职、学生活动与学习的关系,始终把学习当作主要任务,不能因为其他活动耽误学业。

自我救助

● 在收到课程不及格的通知时,珍惜补考的机会,争取尽快补考合格。

● 在收到课程预警通知时,高度重视,适当放弃其他活动,专心学习,避免造成退学的严重后果。

● 在收到退学通知时,看能否采取其他救济途径,争取大学学习机会。

特别提示

《中华人民共和国高等教育法》

第二十条　接受高等学历教育的学生,由所在高等学校或者经批准承担研究生教育任务的科学研究机构根据其修业年限、学业成绩等,按照国家有关规定,发给相应的学历证书或者其他学业证书。

《普通高等学校学生管理规定》

第十一条　学生应当参加学校教育教学计划规定的课程和各种教

育教学环节(以下统称课程)的考核,考核成绩记入成绩册,并归入本人档案。

第十四条 学生学期或者学年所修课程或者应修学分数以及升级、跳级、留级、降级、重修等要求,由学校规定。

《安徽省改革和加强普通高等学校学生学籍学历管理工作的意见(试行)》

(四)日常管理

切实加强学生成绩管理与日常学籍管理工作。成绩是学生学习质量客观评价和实施学生学籍变动的重要依据,要制定和完善学生成绩评定办法,规范学籍变动处理程序,优化成绩登录流程,要有根有据变动学生学籍,要严格申请、审核和审批学生休学、复学、留级、退学、转学等学籍变动手续,落实责任到人,切实维护学校办学秩序。

(四)按规定缴纳学费及有关费用,履行获得贷学金及助学金的相应义务

案例导读

青海某大学大四的学生小李因长期沉迷于网络游戏,大四学年的大部分学费被其挪用。这很是让他犯愁,他既难以向经济条件并不富裕的家庭交代,在学校催缴学费时也感到束手无策。更让小李担心的是,若不能将这3000元的欠款及时补缴,自己接下来的毕业论文答辩将受到影响。

知识链接

高等学校学生缴纳学费制度,是在我国高校招生制度改革的情况下逐步确立起来的。高等学校实行上学收费,是建立国家、社会、个人教育成本分担机制的需要,是打破国家包办高等教育的一项重要措施。对受教育者而言,高等教育是非义务教育,接受高等教育只是适龄青年中的少部分,从维护社会公平正义的角度出发,国家没有义务承担其全部教育费用。另外,接受高等教育往往会得到稳定的职业保障、优越的工作

条件和较高的经济收入等回报，作为对未来受益的一种事先投资，缴纳学费也是一种合理的成本补偿。此外，实行上学缴费制度，对学生认真完成学业有一定的激励作用，也在一定程度上有利于培养学生的自立自强能力和诚信意识。

高等学校学生除按国家规定履行缴纳学费的义务之外，还要承担缴纳其他有关费用的义务，如住宿费、书费、职业证书的报名考试费等。助学贷款是国家为了帮助家庭经济困难的学生完成学业而采取的一项保障性措施。助学贷款的使用原则是"有贷有还"，除按规定可以减免的以外，均应按规定在毕业前或毕业后一定期限以不同形式偿还助学贷款。此外，由于助学金的使用原则是"有劳有酬"，获取助学金的学生必须履行相应的义务。

安全预防

● 了解大学生应该缴纳的学费、住宿费、书费、职业证书的报名考试费等项目，核实所在学校收费项目的合法性，如是否获取价格部门的许可。

● 了解国家贷学金、助学金的政策，获取贷学金、助学金的条件，以及应履行的相关义务等内容。

自我救助

● 在被强迫收取合法收费项目之外的费用时，懂得向教育行政部门或价格行政部门投诉举报。

● 在归还贷学金时，知道在校期间贷学金是无息的，毕业后利息由本人或家庭承担。当被违法要求支付利息时，应知道维权。

特别提示

《中华人民共和国高等教育法》

第五十五条规定：对家庭经济困难的学生，高校可以提供帮助。贷学金即国家助学贷款，国家指定的商业银行面向在校的全日制高等学校中经济困难的学生发放的无需抵押的，在校期间政府给予全额贴息的个人信用贷款。贷学金即贷款，本人必须偿还，可灵活选择还款的方式。

贷款学生若不及时履行还清本息，又未提出延期，贷款银行可依法追究其民事责任。因此，获得贷学金的学生享有权利后，应按照约定履行义务。

《财政部 教育部 中国人民银行 银监会关于调整完善国家助学贷款相关政策措施的通知》(财教【2014】180 号)

一、国家助学贷款资助标准

全日制普通本专科学生(含第二学士学位、高职学生，下同)每人每年申请贷款额度不超过 8000 元；年度学费和住宿费标准总和低于 8000 元的，贷款额度可按照学费和住宿费标准总和确定。

二、国家助学贷款资助比例

全日制普通本专科学生国家助学贷款全国平均资助比例应与当年国家助学金资助比例相当，各地区、各高校资助比例应与本地区、本高校当年国家助学金资助比例相当。

全日制普通本专科学生在同一学年内不得重复申请获得校园地国家助学贷款和生源地信用助学贷款，只能选择申请办理其中一种贷款。

(五) 遵守学生行为规范，尊敬师长，养成良好的思想品德和行为习惯

案例导读

某日晚 7 点左右，某高校图书馆三楼阅览室，陈同学及其女友在自习时，说笑不停，声音较大，并多次有亲昵行为，招来周围同学的不满。赵同学更是大声斥责。陈不予理睬，且更加肆意而为，赵生气地说“不自觉！”陈感觉没有面子，猛拍桌子，骂了赵同学，于是，双方争吵起来。

知识链接

★ 遵守学生行为规范。学生行为规范是国家、社会、学校对学生行为的期望和要求，《高等学校学生行为准则》的有些内容在《中华人民共和国高等教育法》中已有明确规定。

★ 讲究文明礼貌，尊敬师长，尊重教职工的劳动。在校期间，养成

讲文明礼貌的良好习惯，既是社会对高校学生行为的基本要求，也是高校学生自身素养的具体表现。

★ 团结同学，关心集体，热爱劳动。关心集体，培养集体荣誉感，提高集体声誉，是学生产生归属感和实现自我价值的需要。热爱劳动，自食其力，是学生参与和适应社会最基本的手段和途径。

★ 养成良好的思想品德和行为习惯。这是高等教育的重要培养目标之一，也是高等学校学生应当履行的一项义务。

安全预防

● 学习《高等学校学生行为准则》，并自觉按照行为准则要求自己。

● 重视自己的日常行为，不可不拘小节。树立正确的观念，加强修养，规范行为。

● 做到知行统一，将《高等学校学生行为准则》的规定，内化为自身修养，外化为行动，不能仅停留在认知阶段。

自我救助

●遵守宪法、法律、法规，遵守校纪校规，牢固树立法制观念。

●自觉承担历史使命，增强社会责任感，把个人的前途命运和国家民族的前途命运紧密联系起来。

●树立诚信为本、操守为重的信用意识和道德观念，"以诚实守信为荣、以见利忘义为耻"，努力培养诚信的优良品质。

●严于律己，宽以待人，尊敬师长，友爱同学。

●弘扬传统美德，遵守社会公德，经常反省自身行为，改正不足，积善成德。

特别提示

《高等学校学生行为准则》(教育部教学【2005】5号)

一、志存高远，坚定信念。努力学习马克思列宁主义、毛泽东思想、邓小平理论和“三个代表”重要思想，面向世界，了解国情，确立在中国共产党领导下走社会主义道路、实现中华民族伟大复兴的共同理想和坚定信念，努力成为有理想、有道德、有文化、有纪律的社会主义新人。

二、热爱祖国，服务人民。弘扬民族精神，维护国家利益和民族团结。不参与违反四项基本原则、影响国家统一和社会稳定的活动。培养同人民群众的深厚感情，正确处理国家、集体和个人三者利益关系，增强社会责任感，甘愿为祖国为人民奉献。

三、勤奋学习，自强不息。追求真理，崇尚科学；刻苦钻研，严谨求实；积极实践，勇于创新；珍惜时间，学业有成。

四、遵纪守法，弘扬正气。遵守宪法、法律法规，遵守校纪校规；正确行使权利，依法履行义务；敬廉崇洁，公道正派；敢于并善于同各种违法违纪行为作斗争。

五、诚实守信，严于律己。履约践诺，知行统一；遵从学术规范，恪守学术道德，不作弊，不剽窃；自尊自爱，自省自律；文明使用互联网；自觉抵制黄、赌、毒等不良诱惑。

六、明礼修身，团结友爱。弘扬传统美德，遵守社会公德，男女交往文明；关心集体，爱护公物，热心公益；尊敬师长，友爱同学，团结合作；仪表整洁，待人礼貌；豁达宽容，积极向上。

七、勤俭节约，艰苦奋斗。热爱劳动，珍惜他人和社会劳动成果；生活俭朴，杜绝浪费；不追求超越自身和家庭实际的物质享受。

八、强健体魄，热爱生活。积极参加文体活动，提高身体素质，保持心理健康；磨砺意志，不怕挫折，提高适应能力；增强安全意识，防止意外事故；关爱自然，爱护环境，珍惜资源。

二、大学生的权益

（一）参加教育教学活动和使用教学资源权利

案例导读

某高校英语大专班的30多名学生参加全国高等教育自学考试交了“白卷”。学生们认为学校因为选错教材，使他们遭到学习时间方面的损失，给他们及家庭带来了巨大伤害，要求学校给一个说法。30多名学生一纸诉状将该校告上法庭。

知识链接

高等学校的学生通过国家组织的考试，在履行缴纳学费及有关费用等义务之后，理应享有参加学校教育教学计划安排的各项活动的权利和使用教学资源的权利。教育教学计划安排的活动，主要包括纳入学校教育教学计划的选课、上课、考试、实验、实习、毕业论文（设计）与答辩，讲座以及其他课外活动。教育教学资源，主要包括教室、实验室、图书馆、资料室（电子阅览室）、体育场馆以及其他有关的教育教学设备和设施。

参加上述活动和使用上述资源，是学生接受教育、获取知识、提高能力的重要途径和保障，是学生成为符合社会需要的人才的必要条件，是学生作为受教育者应享有的最基本权利。任何组织和个人不得以任何借口非法剥夺这一基本权利。学校有义务按规定提供符合卫生安全标准的教育教学设施设备，提供必需的图书资料及其他教育教学用品。

安全预防

- 高校应保障给学生提供基本的学习基础设施：教室、图书馆、阅览室等学习场所；计算机、多媒体、试验仪器设备等学习工具；图书资料、报刊杂志、网络化的资料等学习资源。
- 对于现有的教育设施，高校应向学生免费开放。
- 高校应拥有相应的教学实践、实习基地，保障学生的实习需要。

自我救助

● 被非法剥夺参与教学活动权的学生，可以向学校相关部门申诉，寻求救济。

● 因使用学校计算机房、体育运动场所等，被非法收取费用的，可以要求退还费用。

● 校园里的各类“培训班”不得影响学生利用教学设施。

特别提示

《中华人民共和国教育法》

第二十六条　设立学校及其他教育机构，必须具备下列基本条件：

（三）有符合规定标准的教学场所及设施、设备等；

（四）有必备的办学资金和稳定的经费来源。

《中华人民共和国高等教育法》

第六十条　国家建立以财政拨款为主、其他多种渠道筹措高等教育经费为辅的体制，使高等教育事业的发展同经济、社会发展的水平相适应。

国务院和省、自治区、直辖市人民政府依照教育法第五十五条的规定，保证国家举办的高等教育的经费逐步增长。

(二)获得奖励和物质帮助权利

案例导读

因特困生助学金名额有限，某高校旅游专业辅导员让所有申请者上台陈述自己的家庭状况，由全班同学投票，票数高者为特困生，其余为贫困生。有人认为，这种自揭伤疤的做法太不人性化，伤害了贫困生的感情。一名学生家庭比较困难，但因要上台“晒贫困”，觉得有损尊严，就放弃了申请。

知识链接

奖学金是国家、社会和学校给予特定学生的奖金。国家奖学金的奖励对象主要是品学兼优、家族经济困难的普通全日制本、专科学生。优秀学生奖学金的奖励对象是德、智、体等方面全面发展且表现突出、品学兼优的本、专科(高职)学生。专业奖学金奖励的对象是师范、农林、民族、体育和航海等国家规定专业的学生。定向奖学金的奖励对象是毕业后到边疆地区、经济困难地区和自愿从事煤炭、矿业、地质、水利等艰苦行业工作的学生。目前部分省(部、委)和各高等学校也设立了相应的奖学金。

助学金是高等学校学生勤工助学经费的简称。勤工助学经费的使用原则是“有劳有酬”，由学校提供校内勤工助学岗位，在优先安排家庭经济困难学生的前提下，供全体学生选择，并根据学生所付出的劳动，给予相应的报酬。

助学贷款是国家为了帮助家庭经济困难的学生完成学业而采取的一项保障性措施。助学贷款与奖学金不同的是，奖学金是无偿发放给学生，助学贷款则是有偿使用，但其仍属于学生资助的一种方式，有利于帮助家庭经济困难的学生完成学业，不致因家庭经济问题而辍学，从而享受平等接受高等教育的权利。

安全预防

● 了解国家和地方奖学金的评审规定，国家奖学金的种类、评审条件和评审程序。

● 了解国家助学金的评审规定，助学金的评审条件、评审程序。

● 了解所在学校关于国家奖学金、助学金评选的具体规定。

自我救助

● 在国家奖学金评选过程中，自己的公平竞争权被侵犯，可以向相关部门及时反映。

● 在助学金评选过程中，自己的隐私权应得到保障。

● 自己的奖学金、助学金被不合法支配、截留、侵犯，有权寻求救助。

特别提示

《普通本科高校、高等职业学校国家奖学金管理暂行办法》

第四条 国家奖学金的奖励标准为每人每年8000元。

第五条 国家奖学金的基本申请条件：

（一）热爱社会主义祖国，拥护中国共产党的领导；

（二）遵守宪法和法律，遵守学校规章制度；

（三）诚实守信，道德品质优良；

（四）在校期间学习成绩优异，社会实践、创新能力、综合素质等方面特别突出。

第九条 获得国家奖学金的学生为高校在校生中二年级以上（含二年级）的学生。同一学年内，获得国家奖学金的家庭经济困难学生可以同时申请并获得国家助学金，但不能同时获得国家励志奖学金。

《普通本科高校、高等职业学校国家助学金管理暂行办法》

第五条 国家助学金主要资助家庭经济困难学生的生活费用开支。国家助学金的平均资助标准为每生每年2000元，具体标准在每生每年1000～3000元范围内确定，可以分为2～3档。中央高校国家助学金分档及具体标准由财政部有关部门确定，地方高校国家助学金分档及具体标准由各省(自治区、直辖市)确定。

(三)获得公正评价和相应证书权利

案例导读

大学毕业快一年了,小汪还没有拿到学士学位证书。小汪是某高校2010级的本科毕业生。大学期间,他有5门功课是补考及格的。去年毕业时,学校依据规定,拒绝授予小汪学士学位。小汪不服,向法院提起诉讼。法院审理认为,依据新的规定,小汪是符合授予学位条件的,法院判令学校撤销以往的错误决定。

知识链接

学生在思想品德、学业成绩等方面有权获得公正评价,完成学校规定学业后有权获得相应的学历证书、学位证书。高等学校应当本着对学生认真负责的态度,按照统一的标准和条件,依据学生的实际能力及其表现,对其思想品德、学业成绩等作出恰如其分的评价。学生有权要求学校对自己的能力和实际表现作出公正评价。

学历证书是实施学历教育的学校,对完成学制系统内某一教育阶段学习任务的受教育者所颁发的文凭。普通高等教育学历证书分为毕业、结业和肄业三种。学位证书是国家以一定学术水平为标准,颁发给受教育者的、反映其专业知识能力和学术水平的凭证。

学历证书和学位证书的获得应当符合相应条件。学历证书的获得,要符合教育部相关文件所规定的条件,以及各学校依据该规定所确定的条件;学位证书的获得,应当符合《中华人民共和国学位条例》和《中华人民共和国学位条例暂行实施办法》所规定的条件以及各高等学校、科学研究机构依据国家规定所确定的条件。凡符合以上规定条件的学生,有权获得相应的学历证书和学位证书。

安全预防

- 学习了解《中华人民共和国学位条例》和《中华人民共和国学位条例

暂行实施办法》关于学士学位的相关规定。

● 了解所在学校关于学历学位授予的具体规定。

● 了解学校对学生思想品德测评的相关规定。

● 了解每门学科的成绩评定规定。

自我救助

● 及时了解掌握自己的思想品德、学业成绩的评定结果。

● 自己受到不公正评价时，要及时向相关部门反映。

● 在自己享有的公正评价和相应证书权利被侵犯时，向相关部门申诉，或寻求司法保护。

特别提示

《中华人民共和国学位条例》

第四条 高等学校本科毕业生，成绩优良，达到下述学术水平者，授予学士学位：

（一）较好地掌握本门学科的基础理论、专门知识和基本技能；

（二）具有从事科学研究工作或担负专门技术工作的初步能力。

《中华人民共和国学位条例暂行实施办法》

第三条 学士学位由国务院授权的高等学校授予。

高等学校本科生完成教育计划的各项要求，经审核准予毕业，其课程学习和毕业论文（毕业设计或其他毕业实践环节）的成绩，表明确已较好地掌握本门学科的基础理论、专门知识和基本技能，并且有从事科学研究工作或担负专门技术工作的初步能力的，授予学士学位。

第四条 授予学士学位的高等学校，应当由系逐个审核本科毕业生的成绩和毕业鉴定等材料，对符合本暂行办法第三条及有关规定的，可向学校学位评定委员会提名，列入学士学位获得者的名单。

非授予学士学位的高等学校，对达到学术水平的本科毕业生，应当由系向学校提出名单，经学校同意后，由学校就近向本系统、本地区的授予学士学位的高等学校推荐。授予学士学位的高等学校有关的系，对非授予学士学位的高等学校推荐的本科毕业生进行审查考核，认为符合本暂行办法第三条及有关规定的，可向学校学位评定委员会提名，列入学士学位获得者的名单。

(四)获得救济权利

案例导读

山东某高校十分重视维护学生的合法权益,在学生处分中注重程序正当合法,他们制定的学生申诉处理办法规范,在山东省首批"依法治校示范学校"评估中受到好评。该办法规定,学生对处分决定或处理决定有异议的,在接到学校处理决定书之日起5个工作日内,可以向学校申诉处理委员会提出书面申诉。因不可抗力导致延期的,要说明理由。

知识链接

对学校给予的处分或者处理有异议,可以向学校、教育行政部门提出申诉;对学校、教职员工侵犯其人身权、财产权等合法权益,可以提出申诉或者依法提起诉讼。

★ 申诉权。申诉事由有两类,即处分与处理。处分一般因学生违法、违规、违纪而引起,如偷窃、打架、赌博、损坏公私财物、破坏公共秩序、考试作弊等。一般来讲,纳入申诉范畴的处理行为应当是与学生权利、义务有关的行为,如取消入学资格、退学、休学、复学、评选奖学金和三好学生、免试推荐研究生、颁发学历证书和学位证书等。

关于学生的申诉,有两类组织负责受理:一是提出申诉的学生所在学校,二是学校所在地的省级教育行政部门。学生申诉应当先向所在学校提出,对学校的复查决定有异议,再向学校所在地的省级教育行政部门申诉。

★ 起诉权。学生对学校、教职员工侵犯其人身权、财产权等民事权益的行为,可以提出申诉,也可以依法直接向法院提起诉讼。

安全预防

自觉遵守学生管理规定,遵守校纪校规。

自我救助

● 学习《中华人民共和国高等教育法》、《普通高等学校学生管理规定》等相关法律、法规，了解大学生权利救济的途径。

● 积极参与学校校纪校规的制定修改过程，充分表达学生的意见、建议。

● 当自身的合法权益受到侵害时，知道如何寻求救济。

第十二章 日常安全小常识

大学生大多社会经验不足，思想较为单纯，对社会的阴暗面和复杂性知之甚少，因此，许多大学生对日常安全关注不够，缺乏必要的自我保护意识。校园安全是做好学校各项工作的基础和前提，也是学校教育的首要任务之一。大学生要树立自我防范意识，掌握一定的安全防范方法，提高自身的防范能力。

一、食品安全 关系你我

案例导读

2012 年 3 月，某地 23 名学生不同程度出现头晕、呕吐等症状。后经医院救治，除 1 人中毒较重，需留院治疗，其余 22 人很快都出院。23 名中毒者均为某高校在读学生，他们在学校附近的快餐店就餐后出现中毒症状。

知识链接

食物中毒主要指食用了不利于人体健康的食品而导致的急性中毒性疾病，包括细菌性食物中毒、化学性食物中毒、动植物性食物中毒和真菌性食物中毒四种。日常生活中的食物中毒情况主要是由细菌性食物中毒引起。

食物中毒的主要病症表现为恶心、呕吐、腹痛、腹泻等急性胃肠炎症状，食物中毒具有潜伏期短、发病凶猛、呈爆发流行的特点。

安全预防

● 选择干净卫生的饮食环境。大学生应注意选择干净卫生的食堂窗口就餐，尽量避免在校外就餐或在路边摊购买食品。

● 选择新鲜干净的食品。购买食品时，对密封包装的首先要查看食品的生产日期与保质期，不要购买"三无"产品，不要购买过期食品，不要购买真空包装损坏的食品。购买水果等时，要注意观察其品相，不购买腐烂变质的水果。

● 食用前后要做好清洁工作。进食前要洗手，选择清洁的餐具。食用蔬菜水果要做到清洗清洁，对于需要加热的食品，要进行彻底加热。用餐结束后要及时清理餐余垃圾，避免细菌滋生。

● 坚持营养合理与膳食平衡。日常生活中，要坚持饮食适量不过量，避免暴饮暴食。

自我救助

出现食物中毒情形后，应做到：

● 及时送医并向辅导员、院系领导上报情况。第一时间接受专业救治能有效控制病情，并有利于卫生防疫部门了解情况。

● 组织基本救治。出现食物中毒情况后，忌自行胡乱服药，应及时让患者服用温开水，补充水分，以免出现脱水情况，有条件的可以服用稀释盐水帮助催吐。

● 做好取样工作。在及时上报情况和送医救治后，应做好所用食品的取样工作，或者保留患者的呕吐物或排泄物，方便卫生防疫部门进行化验确诊。

特别提示

大学生在学习生活中应注意：

● 保持饮食多样性，形成合理的饮食结构。

通过粗粮、细粮搭配，既可以提供人体所需能量，也能够帮助均衡营养，强健体魄。

● 多食新鲜蔬菜和水果。

常食新鲜蔬菜和水果能及时有效地补充各类维生素、钙、铁等身体所需元素，帮助保护视力、保护骨骼结构健康。

● 多吃奶类、豆类，以及适量的鱼、禽、蛋和瘦肉。

奶类、豆类食物中含有优质的蛋白质和维生素，为我们的身体提供必要的脂肪酸和膳食纤维，是我们身体所需营养和能量的有效来源。鱼、禽类、蛋和瘦肉为我们带来身体运转的脂肪等。

● 清淡饮食，及时补水。

在日常饮食中，应多食用脂肪和盐分含量较低的食物，避免高热量、高盐分食物食用过量，有效降低患肥胖、心脑血管疾病的风险。及时补充水分、合理饮水会促进身体的新陈代谢，饮水应少量多次，不要到口渴时再喝水，也不应一次引水过量。

● 戒烟控酒，养成经常运动的习惯。

二、户外安全 时时警惕

案例导读

案例一：2014 年 7 月 3 日，来自北京某高校的 3 名学生在贵州省六枝县登山，途中在一洞内休息，列队回撤出洞时，排在第三位的黄某因手中所抓石块受力脱落，坠落洞口下的百米山崖，当即丧生。

案例二：2011 年 6 月 15 日傍晚，某校外国语学院学生徐某在某度假区外的非游泳区游泳时，由于风大浪急，被海浪卷往深海。救护队迅速赶到现场，徐某在溺水失踪10多分钟后被找到，经救护队和医院医护人员抢救无效后死亡。

知识链接

★ 户外运动是个新兴项目群，涵盖登山、攀岩、山地越野、溯溪、定点穿越、森林探险、沙漠探险、洞穴探险等，其中最为普及的还是群众性登山活动。从技术角度看，这些运动大都属于与登山相关的具有挑战性质、探险性质的运动。

★ 户外运动与其他体育运动的不同之处就是存在不可预知的因素，比如气候的突变、方向的迷失、岩石的滑落等。凡喜欢户外运动的人首先要注意培养生存能力。

★ 在户外活动随时可能遇到险情，如果不能冷静面对，惊慌失措，便会失去最佳救助时机，具备良好的心理素质是户外运动爱好者应当注意的。

★ 进行户外运动还需要懂得一些专业知识，掌握一些基本技术，了解一些基本器材的使用方法。

★ 进行户外运动，安全是第一位的，只有做到这一点，户外运动才能健康、持续地发展。

安全预防

1. 郊游、野营活动

● 要准备充足的食品和饮用水。不要随便采摘、食用蘑菇、野菜和野果，以免发生食物中毒。

● 准备好手电筒和足够的电池，以便夜间照明使用。

● 早晨、夜晚天气较凉，要及时添加衣物，防止感冒。准备一些常用的治疗感冒、外伤、中暑的药品。

● 要穿运动鞋或旅游鞋，不要穿皮鞋，穿皮鞋长途行走，脚容易起泡。

● 活动中不要随便单独行动，应结伴而行，防止发生意外。

● 最好事先对活动路线、地点进行勘察。

● 晚上注意休息，以保证有充足的精力参加第二天的活动。

2. 登山活动

● 登山的地点应慎重选择。要向附近居民了解清楚当地的地理环境和天气变化情况，选择一条安全的登山路线，并做好标记，防止迷路。

● 备好运动鞋、绳索、干粮和水。在夏季，一定要带足水，因为登山会出汗，如果不补充足够的水分，容易发生虚脱、中暑。

● 最好随身携带急救药品，如云南白药、止血绷带等，以便在发生摔伤、碰伤、扭伤时派上用场。

● 登山时间最好选在早晨或上午，午后应下山返回驻地。不要擅自改变登山路线和时间。

● 背包不要手提，要背在双肩，以便双手抓攀。还可以用结实的长棍作手杖，帮助攀登。

● 千万不要在危险的崖边照相，以防发生意外。

自我救助

1. 游泳时

● 一旦在水下发生抽筋，要镇静，不要紧张，一面呼救，一面设法自救。如果离岸很近，应立即上岸，按摩抽筋部位的肌肉。如离岸较远，不能立即上岸，可以仰着浮在水面上并采用牵引、按摩等方法，试着自行救治。如无法自行救治，又无他人帮助，可利用未抽筋的肢体划动上岸。

● 游泳时遇到水草，不要继续往前游，应以仰泳姿势原路退回，如被水草缠住,不要惊慌,不要乱踹乱蹬,否则水草会越缠越紧。可以仰躺在水面上,一手拨划水,一手解开缠在身上的水草,或请别人帮助解开水草,然后以仰泳姿势原路游回。

● 游泳时,万一体力不支、过度疲劳,应停止游动,仰浮在水面上以保存体力,并伸出一只手臂挥动求救。如没有救援,也不要惊慌,待体力有所恢复后再游回岸。

2. 爬山时

● 遇到雷雨天气:应跑向低地,远离高树或密叶树林,远离铁塔,去除身上的金属物,装入塑料袋中。不要聚集在一起,应分散开。小屋内、汽车内、山岩的背阴处或凹处都是很好的躲避之处,但注意不要靠墙。

● 遇到落石、雪崩:通过易发生落石区域时,应戴好安全帽或用厚衣服蒙住头,快速通过;行走中不小心踏落石头时,要立刻喊出声,通知下面的同伴。雪崩前,有雪块、冰片落下时,要确认冰落的方向,然后再决定逃离方向。如来不及逃脱而被卷入雪崩,手脚应快速像游泳一样运动,尽量让头部浮在雪堆外,同时抛掉身上携带的一些物品作为标识物,以便别人发现你被雪埋的具体位置,及时营救。

● 迷路:一旦迷失方向,最好回到自己认识的地方,用罗盘和地图确定所处位置及目的地方位,重新行走。折返时不要直接走下坡路,因为下坡路视野小,不易确认方向。做好标志。在山野行进时要注意曾经走过的人留下的用塑料带、树枝或石头做的记号。在前面开路的人,遇到特殊状况时,要做标志通知后面的人。如果迷路时天色已晚或从山崖落下受伤,动弹不得,无法按照预定时间到达目的地,应保持镇静,不要贸然离开,在原地露宿,减少体力消耗,同时想办法发出求救信号,静待救援。

特别提示

户外运动的注意事项:

● 要有危险意识。初参加户外运动者必须认真对待,从学会"害怕"开始,尊重生命。

● 要储备个人体能。在户外,一旦遇到恶劣环境,身体里的潜在病症可能会被激发出来,后果不堪设想。

● 要具备基本、必要的救生和自救技能,具备一定的相关知识,学会使用地图和指南针进行定位。有低血糖的户外运动者一定要随身带着巧克力或糖块，紧急时可以用上。

● 选择安全、专业的户外装备。户外运动是一项对装备有专业要求的运动，前期需投入一定经费。同时要选择适合自己的户外运动，如果不是专业的户外运动者，不要轻易尝试登山等专业运动。

● 初参加户外运动者尽量选择正规的户外团体。专业户外俱乐部一般会有活动预案，具备完善的后勤保障和联络系统。相比而言，自发的团体活动盲目性和随意性大，出现问题的几率也会增加。

三、急救护理　你我同行

（一）非创伤性运动疾病

案例导读

案例一：某高校大一年级学生杨某，男，高中时学习任务比较重，很少锻炼，现准备参加学校举办的运动会。一天早晨，在操场跑步后出现腹痛，并逐渐加重，休息后有所缓解，在校医院医生的治疗下康复。

案例二：某高校大二年级学生刘某，女，早晨在学校操场跑步后晕倒，同学紧急将其送医院救治，测量为空腹，血糖低，在补充葡萄糖并休息后有所缓解。

知识链接

1. 运动性腹痛

运动性腹痛是指在运动过程中或运动结束后产生的腹部疼痛。这类腹痛在中长跑、竞走和自行车等运动项目中发生较多，随着运动的调整或停止，腹痛症状可逐步缓解并消失。

运动性腹痛的病因：

★ 因运动前暴饮暴食、空腹锻炼、吃了不易消化或容易产生气体的食物引起。

★ 因准备活动不足，运动开始强度较大，运动者心肌力量较差所致。

★ 由于大量排汗失去盐分，水盐代谢失调，加上疲劳所引起。

★ 慢性肝炎、阑尾炎、溃疡病及肠道寄生虫等腹部慢性病患者参加剧烈活动，由于病变牵拉、振动或血供情况变化等也会引发疼痛。

2. 中暑

中暑是发生在炎热季节的一种急性病，常在炎热或高温、高湿环境下进行剧烈运动时发生。它可以分为热痉挛、热衰竭和热射病三种类型，其中最严重的是热射病，亦称“中暑高热”。

3. 低血糖症

正常人空腹时血糖浓度一般维持在 80～90mg/100ml 之间，当血糖浓度低于 50～60mg/100ml 时，可出现一系列症状，轻者感到非常饥饿、极度疲乏、头晕、心跳、面色苍白、出冷汗；重者可出现神志模糊、语言不清、四肢发抖、躁动不安或精神错乱，甚至惊厥、昏迷。

4. 运动性昏厥

在运动中，由于脑部突然供血不足而发生的一时性知觉丧失现象，叫作运动性昏厥。

安全预防

1. 运动性腹痛

●运动前应做好准备活动。

●运动中注意呼吸的方法和节律，发生腹痛时可按压疼痛部位，加深呼吸。

2. 中暑

● 注意运动前及运动中盐和水的补充。

● 注意避免单一肢体或局部肌肉负荷过重。

3. 低血糖症

● 当确认为低血糖症后，应使患者平卧，保暖，神志清醒者可饮浓糖水或吃少量食物，一般经短时间休息后即可恢复。对不能口服者，可静脉注射 50％的葡萄糖 40～100ml。

● 平时缺乏锻炼者，或患病未愈，或空腹时，不要参加长时间的剧烈运动。

4. 运动性昏厥

平时要坚持体育锻炼，增强体质，提高健康水平，久蹲后不要骤然起立，不要带病或在饥饿情况下参加剧烈运动，疾跑后不要立即停下来。

自我救助

● 如正在运动时出现运动性腹痛，应减慢速度，调整运动强度，疼痛可以减轻或消失。如果疼痛仍不减轻，反而加重，则应停止运动。针刺、按摩都可以缓解、消除疼痛。

● 中暑者应尽快离开热源，平卧休息，补充食盐和水分；牵引痉挛的肢体。

● 锻炼前应食用足够的含糖食品，或饮用一些含糖饮料，以补充因长时间剧烈运动体内血糖的大量消耗。

● 自己出现运动性昏厥时，要就地平卧休息，待恢复后，寻求帮助。

● 别人出现运动性昏厥时，应使患者平卧，足部略抬高，头部放低，松解衣服，注意保暖，用热毛巾擦脸，自小腿向大腿做重推摩和拍击；同时用针刺或掐点人中、合谷等穴位，必要时给氨水闻嗅。在知觉恢复前，不能喝任何饮料或服药。如有呕吐，应将患者的头侧向一边；如呼吸停止，应做人工呼吸。醒后可让其喝热饮料，注意休息。

（二）运动性损伤性疾病

案例导读

某高校大三年级学生刘某，男，由于学习任务比较重，很少锻炼，一天下午，在学校篮球场和几个同学打球，在跳起来抢球落下后摔倒，送医院治疗，被诊断为“股骨颈骨折”。

知识链接

运动性损伤性疾病有：皮肤擦伤、闭合性软组织损伤、撕裂伤、肌肉拉伤、关节韧带扭伤、膝关节副韧带扭伤、关节脱臼、骨折、出血等。

安全预防

● 运动前应做好准备活动，运动中应遵守运动规则。

● 循序渐进合理安排运动量。

自我救助

● 出现运动性损伤应停止运动，如有出血，应立即包扎止血；出现骨折的，应立即寻求帮助。

● 出现运动性损伤，应立即就医。

（三）猝死

案例导读

某高校大一新生参加军训，突然出现晕厥，120 急诊将其送到医院抢救无效，去世，医院诊断为“猝死”。

知识链接

1. 猝死的定义

目前，大多数学者倾向于将猝死的时间限定在发病 1 小时内，而世界卫生组织则将发病后 6 小时内死亡定义为“猝死”。猝死的发生率约占各种死亡的 1%～3.6%，其发病可见于各年龄段，而中老年人占猝死的比率达 56%～80%。

早期除颤是挽救生命的重要环节，在心跳停止 5 分钟内进行早期心肺复苏是提高复苏成功率、改善预后的关键。

2. 猝死的分类

★ 心源性猝死：由各种心脏原因如心力衰竭或心律失常等引起的急性症状发作、在短时间内发生的自然死亡称为“心源性猝死”，发病一般不超过 1 小时。

★ 脑源性猝死：因脑部疾病引起、在短时间内发生的自然死亡称为“脑源性猝死”，发病一般不超过 6 小时。

★ 遗传代谢病性猝死：因维持机体正常代谢所必需的某种酶、运载蛋白、膜或受体等的编码基因发生突变，使其编码的功能发生改变，出现相应的病理、临床症状，从而引发的自然死亡。

★ 其他原因引起的猝死。

安全预防

1. 心源性猝死的预防：应强调预防为主，防治结合

● 积极控制高血压、高血脂、高血糖，以及戒烟、限酒等。

● 避免较大的情绪波动，如大喜大悲等，保持良好的心境，缓解自己的精神压力。

● 避免过度劳累，要坚持适当的锻炼，切忌剧烈运动。

● 保持大便通畅，减少便秘的发生。

● 注意饮食结构的合理性，少吃多餐，避免暴饮暴食。

● 注意季节变化，在早晨和冬春季节，减少室外活动，定期就诊。

● 了解、关注猝死前的先兆现象，如胸闷、心前区疼痛、极度乏力等，一旦出现上述症状要及时就医。

● 对广大群众普及心肺复苏知识，如心前区叩击、胸外心脏按压、人工呼吸仍是现场初级救护最重要的内容。

2.脑源性猝死的预防

● 有效治疗原发性脑部疾病,遵从医嘱用药。

● 不抽烟、酗酒。

● 避免较大的情绪波动,如暴怒、大喜大悲等,学会缓解自己的精神压力。

● 避免过度劳累,要坚持适当的锻炼,

● 切忌剧烈运动。

3. 遗传代谢病性猝死的预防

早期在医院筛查,其治疗原则为减少毒性代谢产物蓄积、促进排泄,补充缺乏的生理活性物质。

自我救助

如出现胸前区不适或濒死感时,应及时拨打120求助。

四、紧急避险 有备无患

案例导读

2013年4月20日,四川省雅安市芦山县发生7.0级地震。地震发生后,四川某大学的一位男同学抱着宿舍室友的6台笔记本电脑、3部单反相机,以及一只小乌龟冲出宿舍,保全了全宿室财产。该同学的事迹受到众多网友的关注,大家亲切地称他为“中国好室友”。这位“中国好室友”的事迹提醒我们,平时掌握地质灾害的应对方法,可以最大限度地保障人身与财产安全。

知识链接

自然灾害泛指一切由非人为因素引起而影响人类及整个自然环境的意外事件。我国是世界上自然灾害种类最多的国家,其中对我国影响最大的自然灾害有地震灾害、气象灾害、洪水灾害、海洋灾害、农作物生物灾害、森林生物灾害等。

地震是由地壳剧烈运动引起的突然强烈震动。地震灾害造成的伤亡数占自然灾害伤亡人数的一半以上。我国是世界上陆地地震灾害最为严重的国家，发生地震的次数约占全球的33%。

台风是一种热带气旋。是指发生在热带或副热带洋面上急速旋转的低压涡旋，常伴有狂风、暴雨和风暴潮。台风预警信号分四级，分别以蓝色、黄色、橙色、红色表示。

洪灾是指一个流域内因集中大暴雨或长时间降雨，汇入河道的径流量超过其泄洪能力而漫溢两岸或造成堤坝决口导致泛滥的灾害。洪灾是对人类影响最大的灾害。我国一些大江大河的洪灾常给中下游地区带来极大的损失。

泥石流是由河沟谷中洪水引发的携带大量泥沙、碎石等固体物质的快速流体。泥石流具有很强的冲击力和破坏性，冲毁道路，堵塞河道，淤埋村庄、城镇，给人们的生命财产带来极大的危害。

雷电常发生在夏季，多伴有狂风骤雨、雷电交加的天气。雷雨天气会产生强烈的放电现象，如放电击中人员、建筑物或各种设备，造成人员伤亡和经济损失。

安全预防

1. 地震安全防护

一般认为地震发生前会有一些征兆，主要表现为两方面：一类是人类感官不易觉察的征兆，即仪器才能测量到的震前变化，如地面的变形，地球的磁场、重力场的变化，地下水化学成分的变化，小地震的活动等；另一类是人类感官能觉察的前兆，它们大都在地震临近时出现，如井水的升降和变浑、动物行为反常、收音机失灵、手机信号减弱或消失、电子闹钟失灵等。虽然随着现代科学的发展，人类的地震预测水准在不断提升，但地震仍是难以预测的，我们只有做好应对准备。

2. 台风灾害防护

- 对台风的预防，台风来袭时，应打开门窗，使室内外的气压达到平衡，以免风力太大，掀掉屋顶，吹倒墙壁。
- 乘坐汽车遇到台风，应下车躲避，不要留在车内。
- 在野外遇到台风，应迅速向台风前进的相反方向或者侧向移动躲避。

● 台风已经到达眼前时，应寻找低洼地趴下，闭上口、眼，用双手、双臂保护头部，防止被飞来物砸伤。

3. 洪涝灾害防护

● 在受到洪水威胁时，应抓紧时间有组织地向山坡、高地等处转移。

● 如果突发灾害，在已经受到洪水包围的情况下，应尽可能立即爬上屋顶、楼房高层、大树或高墙上，做暂时避险，等待援救，不要轻易下水，同时要利用船只、木排、门板、木床等，进行水上转移。

● 在山区，如果连降大雨，容易引发山洪。遇到这种情况，应注意避免渡河，以防被山洪冲走，还要注意防止山体滑坡、滚石、泥石流的伤害。

● 发现高压线铁塔倾倒、电线低垂或断折，要远离避险，不可触摸或接近，防止触电。

● 洪水过后要做好卫生防疫工作，避免发生传染病。

4. 暴雨灾害防护

● 地势低洼的居民住宅区，可以采用沙袋搭建围墙、放置挡水板、配置小型抽水泵等防护措施。

● 日常生活中须注意不要向下水道丢垃圾、杂物，以免造成堵塞，影响泄水。

● 注意及时切断电源；在积水中行走，应防止跌入窨井或坑、洞中。

5. 泥石流灾害预防

● 当发现河(沟)床中正常流水突然断流或洪水突然增大并夹有较多的柴草、树木，可确认河(沟)上游已形成泥石流。

● 从深谷或沟内传来类似火车轰鸣声或闷雷式的声音时，哪怕极微弱也应认定泥石流正在形成，须迅速离开危险地段。

● 沟谷深处变得昏暗并伴有轰鸣声或轻微的振动感，则说明沟谷上游已发生泥石流。

6. 雷电灾害防护

● 遇雷电天气，应关好门窗，尽量避免外出。

● 不要停留在高楼平台上和进入孤立的棚屋、岗亭等。

● 远离建筑物外露的水管、煤气管等金属物体及电力设备。

● 不要在大树下躲避雷雨；雷电交加时，头、颈、手处如出现蚂蚁爬走感，头发竖起，说明将发生雷击，应赶紧趴在地上，并除去身上佩戴的金属饰品和发卡、项链等，这样可以减少遭雷击的危险。

● 不要使用固定电话和手提电话，更不要在室外使用移动电话。

自我救助

1. 地震中的自我救助

● 地震发生时，如果身在高层，应及时撤到楼下，注意走安全楼梯，不要搭乘电梯，以免被困。

● 如果身在平房，可在第一时间跑到户外空旷处。

● 如不能第一时间冲出房间，要选择床、桌旁的安全三角区或卫生间等处躲避。

● 地震带来的次生灾害同样危险，特别是电力设施被地震毁坏后容易短路、漏电，甚至引起火灾，条件允许的情况下应及时关闭电闸。

● 随身佩戴救生哨，关键时候可以发挥重要作用。

● 要及时做好灾后防疫工作和心理疏导工作。

2. 遭受雷击时的应急处理

● 发现有人遭受雷击后，应第一时间拨打 120 求助。

● 对于轻伤者，应立即转移到附近避雨避雷处休息。

● 对于重伤者，要立即就地进行抢救。让遭雷击者仰卧在地进行人工呼吸，对伤者进行心脏按压，直至心跳、呼吸恢复正常为止。

● 如果发现伤者身上着火，应向伤者身上泼水，或者用厚外衣、毯子等把伤者裹住，将火及时扑灭。

3.泥石流灾害的自我救护

遭遇泥石流时,应向两侧山坡上跑,离开沟道、河谷地带,迅速逃离至稳固又较为平缓的地方,不要选择爬树躲避。

4.关于电梯坠落自救的知识

● 发现电梯坠落时,马上把每层楼的按键都按下。

● 当紧急电源启动时,电梯可能立即停止下坠;如果电梯里有扶手,应迅速用一只手抓紧,以帮助保持平衡。

● 背部和头部紧贴电梯内墙以保护脊椎,适当踮起脚、使膝盖弯曲来承受重击压力。

● 电梯停止急速下坠后,保持镇定,利用警铃或对讲机、手机求援,也可以拍门呼救。

特别提示

● 做好准备。

日常生活中,做好一定的食品、饮用水储备,备好手电筒、收音机、救生哨等,最好能准备一个小型救生包,定期清理维护,关键时候能发挥极大的帮助作用。

● 冷静应对。

(1)灾难发生时,保持冷静可以最大程度地帮助我们了解现实情况,寻找逃生路径,作出正确判断。

(2)冷静应对帮助我们在确保自身安全的情况下,有效帮助他人获救。

● 报警求助,转告他人。

(1)日常生活中,青年学生应掌握报警救援电话110、119、122。

(2)在顺利报警的情况下,还应及时向身边不知情的群众传递灾情讯息。

● 做好灾后救护、防疫工作以及心理疏导工作。

五、报警求助 灵活有效

案例导读

2015年4月份前后，大学生小夏在网上结识了洛阳的网友“雪莲”，应“雪莲”的邀请，4月9日小夏来到洛阳，前来接站的是两名男子。就这样，小夏被骗进了传销组织。小夏一直想着如何逃生，利用上厕所的时机，他在厕所里写了一些求助的小纸条，好心的路人在捡到纸条后及时报警，警察最终顺利解救了小夏和其他身陷传销的人员。

知识链接

★ 报警前首先要确认自身安全。

确认自身安全，不要轻易激怒犯罪分子，通过言语拖延或转移注意力等方式保护自己，然后设法报警。

★ 冷静沉着，灵活应变。

保持冷静，机智周旋，积极寻找自救机会，同时向警方报案，提供犯罪嫌疑人的有关情况，配合警方擒获犯罪分子。

★ 电话报警。

要牢记各种报警求助电话，灵活选择报警求助方式。常用的报警求助电话有：公安报警服务110、火警119、交通事故报警122、急救中心报警求助120和999。110、119、122、120和999等报警求助电话都是免费的，投币、磁卡等公用电话均可直接拨打。手机欠费或信号受阻时也可以通过紧急通话报警。

★ 其他报警求助方式。

(1)呼喊求救。在确保自身安全的前提下，遇险者可通过大声呼喊求救，同时注意控制呼救间歇，以便听清对方回应。

(2)烟火报警。如果没有现代通信工具，可以尽量选择开阔、近水的地方以浓烟、火光发出求救信号，燃放三堆火焰是国际通行的求救信号。

(3)哨声求救。使用安全哨求救，哨声能传得很远，有利于节省体力。

(4)反光信号求救。有阳光时，可以用镜子、金属罐头盒盖、玻璃片等反光信号求救，动态的信号更能引起注意。

特别提示

● 正确有效的报警求助。

(1)报警求救电话接通后,应向接警人员报告本人姓名、遇险情况和遇险人数等;要讲清有无伤亡和需要什么样的帮助;要尽量准确地描述自己所处位置,如果迷失方向,应尽量描述附近景观的特征。选择或约定前往较为安全的位置等候。

(2)报警后,不要随便移动位置。

(3)如果能够使用有效通讯工具,要尽量保持通讯畅通。几人同行时,可安排依次打开联络工具,以保证电源。

● 一般报警求助程序。

(1)案件发生后,受害人可以先口头报案,然后根据警察的要求在发案现场或者指定地点接受警察的案情询问。

(2)也可以准备一份书面材料,到案件发生地的派出所或者公安部门报案。书面材料应包括:受害人的基本资料,侵害行为发生的具体情况,侵害人的具体情况包括人数、性别、侵害手段与体貌特征等。

● 约定求助形式。

(1)日常生活中,可以和家人、老师、同学、朋友等约定特殊的求助形式,可以是一句暗语或某一特定事件。

(2)在遭遇险情时,如不能第一时间向公安机关求助,可以与侵害人冷静沟通,争取与家人、师友通话的机会,联络过程中巧妙地说出约定,通过他人帮助报警。

● 恶意报假警。

恶意报假警强调的是主观上的故意,即明知没有发生违法事件而故意虚构事件,并向警方报警。《中华人民共和国治安管理处罚法》第二十三条第一项指出,扰乱机关、团体、企业、事业单位秩序,致使工作、生产、营业、医疗、教学、科研不能正常进行,尚未造成严重损失的,处警告或者二百元以下罚款;情节较重的,处五日以上十日以下拘留,可以并处五百元以下罚款。恶意报假警的行为妨害了公安机关正常的工作秩序,依法应给予治安行政处罚。恶意报假警不等于错报警。

参考文献

[1] 张人骏等. 咨询心理学. 北京:知识出版社,1987.

[2] 中国高等教育学会保卫学专业委员会编. 大学生安全实用知识. 武汉:华中师范大学出版社,1997.

[3] 金菊等主编. 大学生心理健康教育. 哈尔滨:黑龙江人民出版社,2003.

[4] [美]格里格. 心理学与生活. 北京:人民邮电出版社,2003.

[5] 樊富珉,费俊峰编著. 青年心理健康十五讲. 北京:北京大学出版社,2006.

[6] 祝杰编著. 校园安全知识问答. 合肥:安徽大学出版社,2007.

[7] 云南省人民政府防范和处理邪教问题办公室. 反邪教法制教育读本. 云南省国税印刷厂,2009.

[8] 徐士政. 大学生安全知识读本. 杭州:浙江科学技术出版社,2009.

[9] 马克思主义理论研究和建设工程重点教材. 思想道德修养与法律基础. 北京:高等教育出版社,2010.

[10] 李齐全,吴万群,李全文. 大学生权利法律保护研究. 合肥:安徽人民出版社,2010.

[11] 张国清主编. 上海市大学生安全教育读本. 上海:同济大学出版社,2010.

[12] [美]彼得森. 积极心理学. 北京:群言出版社,2010.

[13] 中国心理卫生协会,中国就业培训技术指导中心组织编写. 心理咨询师(基础知识). 2012 修订版. 北京:民族出版社,2012.

[14] 张文新主编. 大学生心理健康教育. 济南:山东人民出版社,2013.

[15] 高开华主编. 当代大学生安全知识读本(第三版). 合肥:中国科学技术大学出版社,2013.

[16] 公民防范恐怖袭击手册. 北京:中国人民公安大学出版社,2014.

[17] 王劲松主编. 安全教育读本(高职版). 合肥:安徽大学出版社,2014.

[18] 江苏省教育厅,江苏省高等教育学会高校保卫学研究委员会主编. 大学生安全教育读本:案例与分析. 南京:东南大学出版社,2014.

[19] 张宏宇,魏文风,王岳森,崔亮. 大学生网络依赖的心理分析及应对. 健康心理学杂志,2003,(11).

[20] 吴寿松. 中国传统文化与当代大学生的人格塑造. 高教论坛,2005,(03).

[21] 祝力维. 关于大学生安全教育与管理的研究. 东北师范大学 2008 年硕士论文.

[22] 黄进. 关于高校安全教育的几个问题. 国土资源高等职业教育研究,2008,(01).

[23] 郭金玲. 试论大学生网络犯罪的特点及对策. 河南工业大学学报(社科版),2010,(09).

[24] 王雯霞. 大学生安全教育与管理研究. 太原科技大学 2011 年硕士论文.

[25] 郑保卫,李文竹. 网络语言暴力现象的法律治理与道德规范. 新闻研究导刊,2013,(05).

[26] 任韧,吴桐,王本松. 浅析大学生参与网络群体性事件的心理特征. 大学教育,2013,(08).

[27] 胡吉星, 白晶玉. 论道家思想与当代大学生健全人格的建构. 临沂大学学报, 2014,(03).

[28] 朱美宁. 校园安全教育问题与对策研究. 黑龙江教育学院学报,2014,(07).

[29] 王楠. 基于积极心理学的大学生心理健康教育研究. 读与写(教育教学刊),2015,(05).

后记

本书根据教育部《普通高等学校学生安全教育及管理暂行规定》中关于对大学生进行安全教育的规定，结合安徽省省情，围绕大学生学习、生活的各个方面，采用“案例导读、知识链接、安全预防、自我救助、特别提示”的编写体例，精选大学生身边发生的典型案例，介绍防范与避害的知识、方法和技巧，阐述相关法律、法规。

全书共分十二章，从维护国家安全、心理健康与安全、人身与财产安全、教学实践活动安全、社交活动安全、交通安全、消防安全、网络信息安全等方面，系统介绍了有关法律、法规和安全知识，旨在提高广大学生的安全防范意识和自我保护能力，为高校学生顺利完成学业以及毕业走向社会提供安全保障。本书文字浅显易懂、图文并茂，可读性、操作性强。全书采用模块化结构编写。这种模块化结构，便于学校根据所在地区和专业特点，既可以在单独开设安全教育课时使用；也可以拆分一些单元，分别于现行德育课、专业课相关内容结合使用。此外还可以选择相关模块，列入学生实习实训安全教育的必修内容；亦可作为新生入学安全教育的重点内容。

本书由安徽省高等学校保卫工作研究会组织编写，主编许继荣策划、统稿。具体撰写分工如下：

第一章，概述（安徽师范大学 孙成岗 杨强）；第二章，维护国家安全（安徽农业大学 陈德军，安徽省公安厅反恐总队副总队长 殷高岭，安徽大学 杨成炬）；第三章，心理健康与安全（安徽大学 余照务、徐震虹，安徽医科大学 肖圣龙）；第四章，人身与财产安全（安徽工业大学 高庆生，安徽建筑大学 戴前宏）；第五章，教学实践活动安全（安徽财经大学 李若水）；第六章，社交活动安全（安徽大学 李敏、郑伟）；第七章，交通安全（合肥工业大学 田合雷、张箭）；第八章，消防安全（中国科技大学 洪军、张宪锋）；第九章，网络信息安全（安徽大学 郑健、段运生、毕晓东）；第十章，遵纪守法（安徽大学 董世恒、秦

楠)；第十一章，责任与权益(北京盈科律师事务所 胡瑾)；第十二章，日常安全小常识（合肥学院 董承军、黄锐，黄山学院 窦卉平）。

本书在编写过程中，吸收并借鉴了现行同类教材和书籍中的最新成果及相关经验，在此谨向原著作者表示衷心感谢！

由于编写时间仓促，编者水平有限，书中难免存在不妥之处，敬请专家与读者批评指正。

本书编委会

2015 年 7 月